U0664755

社会主义核心价值体系建设
"双百"出版工程

项 目

/ 100位

新中国成立以来感动中国人物/

申 纪 兰

刘重阳/著

★

吉林出版集团 | 吉林文史出版社

《100位新中国成立以来感动中国人物》丛书

★★★★★

编 委 会

前 言

　　每个人的心中都多少有一点英雄情结，都向往英雄、景仰英雄。也正因此，在中华人民共和国建国六十周年之际，由中央十一部委联合组织开展的"100位为新中国成立作出突出贡献的英雄模范人物和100位新中国成立以来感动中国人物"的评选活动中，群众参与投票总数近一亿。这其中的每一张选票，都表达了人们对英雄模范的崇敬之情，寄托着对伟大祖国的美好祝福。

　　一个民族不能没有英雄，否则这个民族就不会强大。当国家危难之时，懦弱者选择了逃避、妥协甚至投降，英雄们却挺身而出，用热血捍卫民族的尊严，人民的幸福。在创立和建设新中国的伟大历程中，涌现出无数可歌可泣的英雄模范人物。他们之中，有为了民族独立和人民解放而英勇牺牲的革命先烈，有为了党和人民的事业而不懈奋斗的优秀共产党员，有在全民族抗战中顽强奋战、为国捐躯的爱国将士，有英勇杀敌的战斗英雄和革命群众，有积极从事进步活动的著名民主爱国人士和国际友人……他们是民族的脊梁、祖国的骄傲，是激励全体人民团结奋斗的精神力量。

　　《100位新中国成立以来感动中国人物》丛书，就像一部星光璀璨的英雄谱，真实、完整地记录了英雄模范人物不平凡的一生，再现了他们非凡的人格魅力和精神世界。舍身堵枪眼的黄继光，拼命也要拿下大油田的王进喜，中国原子弹之父邓稼先，新时期领导干部的楷模孔繁森……一串串闪光的名字，一个个动人的故事，犹如群星闪烁，光耀中华。

　　当今中国正处于伟大变革的时代，迫切需要涌现出一大批勇于承担历史使命、为祖国和人民奉献一切的先进人物。在"双百"人物崇高精神的引领下，在建设社会主义现代化国家的征程中，必将英雄辈出。

生平简介

申纪兰，女，汉族，1929 年 12 月出生，山西省长治市平顺县人，中共党员，全国著名劳动模范，全国人大代表，全国道德楷模。

20 世纪 50 年代初，申纪兰以发动妇女参加农业生产劳动、争取男女同工同酬的先进事迹走红全国，受到毛泽东主席、周恩来总理等党和国家领导人的亲切接见，被选为中国妇联执委会委员，参加中国妇女代表团，出席了在丹麦哥本哈根召开的世界妇女代表大会，出访了丹麦和前苏联。

1954 年 9 月，申纪兰当选为第一届全国人民代表大会代表。从此到 2008 年 3 月的第十一届全国人民代表大会，她是全国人大代表中唯一的连续历届的代表。

1958 年，申纪兰被评为全国劳动模范。1979 年，她再次被授予全国劳动模范的称号。2000 年，她以特约劳模的身份出席全国劳模表彰大会。

20 世纪 70 年代，申纪兰被选为山西省妇联主任，但她坚决不要工资、不转户口，以坚持自己不脱离农村、不脱离劳动的本色。

改革开放后，申纪兰不再担任省妇联主任的职务，仍坚持回农村参加劳动。在发展经济、改变山村面貌的进程中，保持廉洁，不断前行。新一代的党和国家领导人多次接见过申纪兰，并去家中看望她。2001 年，在党中央庆祝建党 80 周年活动中，申纪兰被表彰为全国优秀共产党员。

2007 年，山西省委作出开展向申纪兰学习活动的决定。这一年，申纪兰被评为全国首届道德模范。

申纪兰现在已经是 80 多岁高龄的老人了，但她依然在为新的发展操劳着、奔波着……

1929-

◀ 申纪兰

目录 MULU

一个传奇　一面旗帜(代序)

申纪兰，一个太行山区的农村妇女，历经半个世纪的风雨，能成为全国唯一的一至十一届全国人大代表，无疑是中国劳动妇女的一个传奇。

这是她虔诚跋涉的人生传奇。

她的人生没有惊天动地的壮举，中国有众多的农村妇女和她一样在辛勤地劳动着，从这个角度看，可以说她是平凡的。

她在农村妇女的劳动中吃大苦耐大劳，起着积极的表率作用，而且首先在劳动中提出了男女同工同酬的观点，极大地调动了农村妇女参加农业生产的积极性，破解了妇女解放的社会命题，从这个角度看，她的劳动又有着不一般的意义。正因为如此，她在众多的劳动妇女中脱颖而出，成为第一届全国人大代表。

她之所以能够连续当选十一届全国人大代表，是因为她坚持不脱离农村，不脱离劳动，不脱离群众。无论社会有着怎样的风云变幻，无论她自己的职务有着怎样的升迁起落，她都不惜以牺牲个人和家庭的巨大利益为代价，坚持着这三个"不脱离"。显然，这是常人很难做到的事。

申纪兰承受着中国劳动妇女所有的艰难和痛苦，以一颗赤诚的心，在不断地前行着，担当着自己那份"背不动"的责任，成为艰苦奋斗的一面旗帜。

申纪兰在农村的劳动中实现着自己的人生价值，赢得了历史给予中国劳动妇女的光荣和荣誉。

毛泽东主席多次亲切和她握手，周恩来总理请她到西花厅做客，江泽民总书记称赞她为"凤毛麟角"，李鹏总理到村里来看望她，朱镕基总理和她一起在山上植树，胡锦涛总书记称赞她"走在了那个时代的前列"，温家宝总理热情地与她交谈，习近平副主席专程到村里去看望她。

任何文明的薪火传承都是以其代表人物为载体和标识的。申纪兰就是艰苦奋斗的代表人物之一，就是共产党人为了人民的幸福百折不挠、奋斗不止的代表人物之一。

一个农村的劳动妇女，能够在历史的舞台上和人生的旅途中，以自己的劳动本色展现出独特的风采，成为一面旗帜，留下一个传奇，不简单，不容易。

在当代的生活中，我们走近申纪兰，就看到了一个前进的路标。当你踌躇满志时，会多出一种冷静和思考；当你失意无奈时，会增添一种力量和信心。

虔诚跋涉吧，向着心中神圣的目标，为着全面建设小康社会，一步一叩首，不管风多大，也不管雨多狂。

身上有"背不动"的责任

2008年3月5日，北京。全国人民瞩目的第十一届全国人民代表大会第一次会议在雄伟的人民大会堂隆重开幕。

第十一届全国人民代表大会有代表2987名。在2987名的人大代表中，只有一名代表是从1954年的第一届一直连续当选代表到2008年的第十一届。

这名代表就是山西省长治市平顺县西沟村的申纪兰。

申纪兰所以能成为全国人大代表中的唯一，一定是历经了独特的人生旅程，一定是有着不同凡响的传奇。

➜ 纪兰初嫁

★★★★★

莽莽的太行山，飘着一场雪。

前几天，有过了头场雪。雪不大，落地无痕。这场雪不小，天上纷纷扬扬，山峦银装素裹。

这是1929年12月的一天。

在这静谧的大山中，平顺县有一个叫杨威的村庄，村里一户姓宋的人家，传来了新生儿的啼哭声。这个婴儿，就是后来成为全国著名劳动模范和全国人大代表的申纪兰。

那天，她的落地，并没有给老宋家带来多少喜气，而是多了一声无奈的叹息。因为家里已经有了两个闺女，本指望这回能生个男孩，唉，谁知道还是个丫头。

申纪兰出生后不久，父亲宋进水得病去世了。1934 年，她 5 岁时，为了生计，申纪兰的母亲"又走了一步"，带着她和二姐改嫁到了县城边上山南底村的一户人家。这家姓申，叫申恒泰，于是，她才有了"申纪兰"这一大名。

申纪兰的继父申恒泰，除了种地，还会给人把脉治病，日子过得不算太紧巴。尽管如此，纪兰姐俩也不可能是深藏闺中，而是小小的年纪就得去地里劳动，干些简单的农活儿。

纪兰很能吃苦，这从小就能看得出来。申恒泰高兴地对别人说过："这闺女能受。"

"能受"是个地方语，是说在劳动中"能受得了苦，不怕苦累、肯下力气"的意思。

1943 年，平顺县石城镇一带发生蝗灾，平顺县抗日民主政府发动群众到石城去灭蝗，14 岁的申纪兰积极报了名。

在抗战时期，平顺县是日本鬼子在太行山上唯一没有驻扎过的县。原因很简单，这里山大沟深，八路军神出鬼没，小鬼子害怕一不小心死无葬身之地。

不要以为叫"平顺"的地方就又平又顺，其实恰恰相反。这里正处在八百里太行山的中南段腹地、上党盆地的东沿边上，出门就见山，山连山，山套山，山叠山，群山竞秀，有着雄山大壑的景象。

这里原本只是潞城县、黎城县和壶关县的三县交界处，所以有了个平顺县，是因为明嘉靖元年，这里石埠头村一个叫陈卿的人揭竿而起，拉起队伍造了反，并且成了气候，震动了朝野。嘉靖八年（1529 年），

△ 平顺的大山

明世宗平息陈卿起义后，为了利于辖制，把这三县交界处的 31 个村、里划出置县，赐名为"平顺"。

可见，这里被称为平顺县，只是帝王的一种愿望，与这里的地理地貌无干。若从地理地貌而言，平顺县是既不"平"也不"顺"。

正因为太行山沟壑纵横，抗战爆发后，八路军挺进太行，与日本侵略军展开了殊死搏斗，抗日的烽火燃烧在太行山上。八路军总部和中共中央北方局，依托以长治为中心的上党盆地，建立了"太行区"抗日根据地。1938 年 2 月 17 日，八路军一二九师一部在平顺县建立根据地；1939 年，抗日军政大学六分校进驻平顺县；1940 年 3 月，八路军一一五师一部进驻平顺县；1940 年底，太行第四军分区进驻平顺县。

1943 年，太行区的经济建设有了长足的发展。7

月2日，延安《解放日报》发表了中共中央北方局代理书记、八路军一二九师政委邓小平的《太行区的经济建设》一文。邓小平在文章中指出："敌区的经济建设和尖锐程度，绝不减于军事战线。""百倍地加强经济建设的领导，应是今后始终贯彻的方向。"

就在这一年，平顺县北部浊漳河边上的石城镇一带发生了大蝗灾，抗日民主政府号召和组织力量到石城去灭蝗。

申纪兰积极报名去灭蝗，但母亲不愿让她去，一个小女孩家，路途又远，很让人放心不下。纪兰坚持要去，母亲拗不过她，也只好同意她去。纪兰高兴地跟着村里的大人到了石城一带的灾区，连续几天参加灭蝗。

1944年，纪兰报名参加村妇救会的纺花组。她勤学苦练，长进很快，花穗捻得又细又匀，线锭纺得又多又好，被评为全县纺花模范，奖品是一支纺锭。

1945年，平顺县成立纺织指导所，纪兰被山南底村派去学习织布。她经过3个月的培训，掌握了织布技术，回到村里组织了织布小组，并担任组长。

这年秋，日本鬼子无条件投降，半个月后，9月1日，震惊中外的上党战役打响了第一枪。

上党战役，是抗日战争胜利后，我军同国民党军进行的第一个大战役，这不仅关系着毛泽东主席在重庆谈判的安危，而且是解放战争的前哨战。

8月15日，日本鬼子宣布投降的这一天，国民党第二战区长官阎锡山命令十九军军长史泽波率部抢先入侵上党。史泽波部一周内连抢长治、长子、屯留、潞城、壶关、襄垣六城，使"太行区"芒刺在背，成为我晋冀豫解放区的心腹大患。

为了保卫抗战胜利果实，在毛主席的部署下，由刘伯承、邓小平亲自指挥，我解放区汇集太行、太岳、冀南纵队主力，打响了上党战役。

△ 刘伯承、邓小平回上党准备上党战役

　　战役从 9 月 1 日我军攻击屯留县城开始，历经"斩断蟹脚"、"围城打援"、"阻截追击"三个阶段，于 10 月 12 日活捉敌酋史泽波等将领，宣告战役胜利结束。

　　在战役准备阶段，太行四专署和中共平顺县委、县政府联合筹建"上党战役后勤指挥部"。全县组织担架队、运输队，将前线所需的物资运送到指定地点。

　　中共平顺县委、县政府还号召人们积极参军参战，沙底栈村的张海良就是这时候参军的。后来，他成了申纪兰的丈夫。

　　10 月 10 日，国共重庆谈判签订了《双十协定》。这时，上党战役已以我军的胜利进入博弈的最后收官阶段。上党战役结束后的第五天，10 月 17 日，毛主席在延安干部会议上作了《关于重庆谈判》的报告，在报告中用特有的幽默谈到上党战役：

和平这一条写在协议上面，但是事实上并没有实现。现在有些地方仗打得相当大，例如在山西的上党区。太行山、太岳山、中条山的中间，有一个脚盆，就是上党区。在那个脚盆里，有鱼有肉，阎锡山派了十三个师去抢。我们的方针也是老早定了的，就是针锋相对，寸土必争。这一回我们"对"了，"争"了，而且"对"得很好，"争"得很好。就是说，把他们的十三个师全部消灭。他们进攻的军队共计三万八千人，我们出动三万一千人。他们的三万八千被消灭了三万五千，逃掉两千，散掉一千。这样的仗，还要打下去。

在申纪兰小的时候，家乡发生了如此重大的战事，是否可以说她从小就经历了战争年代血与火的考验和洗礼呢？

如果这样说显得牵强，那么，战乱的岁月，艰苦的生活，给申纪兰成长中的性格里注入了"不屈"的基因是肯定的，她也一定感受到了积极工作给自己带来的兴奋和喜悦。这一切，都将在以后的生活中展现出来，特别是在遇到困难和矛盾需要抉择的时候。

1945 年中秋，以上党战役胜利结束为标志，长治地区在全国首先获得解放。

时隔一年，1946 年，一个金风送爽的秋日，一顶花轿，几声鞭炮，17 岁的申纪兰嫁到了西沟的沙底栈村，丈夫就是在上党战役中参军的张海良。

沙底栈村的张家要娶进新人，自然是一番张罗一番喜庆，抬花轿放鞭炮，在三十几户人家的村庄有着不小的动静。

出嫁，肯定是一个女人一生中重要的大事，必然会有着铭心的记忆，普通人家的女儿家亦是如此。

比如，1945 年嫁到沙底栈的马俊召就有这样的回忆："我是坐轿来的。抬过来了，自己还不知道是嫁给谁哩。汉们是个甚样儿，（自己）以前也没见过。"

申纪兰对自己的出嫁会有怎样的记忆呢？她不说，她从来不说。后来村上的人都没有听她说起过这件事。

马俊召亲眼得见纪兰嫁来时的情景。她回忆说："纪兰是坐轿来的，没有八音会，只是放了些鞭炮，算是有个响动。纪兰是西沟最后一个坐轿的，以后就不兴了。"

张海良结了婚，没过几天就返回了部队，撇下了新婚的娇妻和父母双亲。也许申纪兰还没有来得及摆脱"新媳妇"的羞涩，还没有体会新婚的甜美，就只得形单影只地打发时光。

"他一走就是7年啊！"申纪兰老年时对我们说起这件事，眼里立刻噙满了泪水。泪光闪闪，内心复杂。

7年一别不见，对于年轻的新婚夫妻而言，那该是怎样的一种生活？

一别7年，申纪兰的人生发生了很大的变化。也许这一切都是自然的，也许是始料不及的。

"我到了西沟，一个普普通通的媳妇。"申纪兰后来对我们说。

我们理解这是她给自己的定位，这里至少有两层含义：一是她初嫁到西沟沙底栈时，确实是个不显山露水的普通的媳妇；二是她日后成为全国人大代表时，仍然认为自己是一个普通的媳妇。

那么，是谁让这个普通的媳妇有机会在西沟脱颖而出的呢？

"我在西沟工作，是李顺达的娘亲自找我说的。"申纪兰这样回忆说，"她说，你要出来工作，这样一个好媳妇。"

李顺达的母亲找申纪兰谈话，大约是在1949年春节前后。显然，这是李顺达的意思。这里，我们碰到了一个说到申纪兰时无法绕过去的人物——李顺达。

李顺达对申纪兰的成长有着重大的影响。申纪兰经常说，没有共

△ 老六户

产党就不会有李顺达，没有李顺达的领导就不会有西沟，也不会有我的今天。

　　在申纪兰嫁到西沟沙底栈前，西沟村、李顺达，都已经在"太行区"很有些名气了。李顺达不是西沟本地人，是河南林县（现林州市）东山底村人，是逃荒到西沟落脚的。

　　林县和平顺县是山连山、水连水。林县在过去很穷，逃荒到平顺县是家常事，平顺县所有的村里都有林县逃荒来的人。

　　1929 年，就是申纪兰出生的那一年，15 岁的李顺达跟随父母亲，带着两个弟弟，背着一架纺花车，他父亲用一根扁担挑着全部家当，在一个飘着大雪的日子，到平顺县投奔他舅舅来了。

李顺达的舅舅也是早年逃荒到平顺县路家口村安家的。他舅舅在西沟一个叫三岔口的小庄上，租了别人的 5 亩山地和 3 孔土窑，把他们一家人安顿下来。

西沟是条山沟，东西走向，在平顺大河滩的西岸。

从河滩进西沟的入口处有一个小山村，就是申纪兰嫁来的沙底栈。从沙底栈进沟不远有 3 个小山庄：庙座上、水上、三岔口。从三岔口向南、向西、向北又支出三条小山沟，小山沟里也有庄户人家。西沟里七八个小山庄有 20 户人家，其中 18 户是逃荒来的。人们说："西沟是逃荒人聚集的地方。"

这里的人对外不说是什么庙座上的、三岔口的，而是说"西沟的"。约定俗成，西沟不仅是个沟名，也成了一个村名。

1938 年，八路军进驻平顺县。这年秋，西沟的李顺达等 6 人秘密加入了中国共产党，带领群众开展"减租减息"，协助部队伏击日本鬼子。

1943 年春，李顺达动员西沟 6 个 1938 年入党的党员，成立了 6 户人家的互助组，是"上党区"最早的互助组之一。有了互作组，村民们开荒种地，有了好收成，度过了大灾荒年。

1944 年初冬，11 月 20 日至 12 月 7 日，李顺达参加了在黎城县南委泉村召开的"太行区第一届群英大会"，荣获了"一等劳动英雄"的称号，奖品是一头黄牛、一面奖旗、一枚奖章和一条毛巾。奖旗上有 7 个大字："边区农民的方向"。

这次大会上能获得耕牛的一等劳动英雄只有李顺达和是榆社县的女英雄郝二蛮。

中共太行区党委书记李雪峰在群英大会上讲话时，特意讲到了李顺达的事迹。

他说："有的英雄像李顺达同志，既领导民兵，又组织互助，许多民兵都是既生产且战斗的双全人才。他们的互助组就成了一面战斗，一面生产，生产与战斗相结合的组织。这一种形式，在今后严重战争中还需要大大地发展。"

1945 年 10 月，上党战役胜利后，获得解放的上党老区有两件大事很突出，一是积极参军，支援全国的解放战争；二是发展生产，掀起发家致富运动。

1945 年 7 月 29 日，《新华日报》（太行版）报道了西沟，题目是"劳动英雄李顺达组织互助生产，西沟全村消灭贫困"。

1946 年，西沟民兵在春种时节又组织参加豫北汤阴战役，李顺达充分发挥组织起来的优势，推广金皇后优种，改良种谷耧具，采用温汤浸种、农药拌种、玉茭刨窝点种等农业新技术，获得了大丰收。

人们说，西沟就没见过这样的好秋，人翻身了，地也翻身了。

这一年，太行区在长治市召开了"第二届群英大会"。长治城的主大街被命名为"英雄街"，英雄街的露天舞台叫作"英雄台"。英雄街、英雄台在以后一直都是长治市政治、文化、商贸中心。李顺达在这次群英大会上，再次当选为"一等劳动英雄"。

1948 年李顺达在盖新房的时候，平顺县长任映仑特别为他家的门楼匾额题写了 4 个字："劳动起家"。这年底，太行区表彰李顺达互助组，奖旗上有 7 个大字："翻身农民的道路"。

1949 年初冬，李顺达参加了山西省农民代表团到天津参观，返回北京时写信给毛主席，并在中南海受到了毛主席的亲切接见。翻身的农民能见到人民的大救星，李顺达激动得只想在地上翻跟头。

△ 李顺达全家

　　他回到西沟对人们说："毛主席亲口对我们说了，日本帝国主义被打走了，蒋介石也到台湾了，你们回去要好好搞生产，把南瓜长得大大的，萝卜长得粗粗的，玉米长的长长的。"

　　在李顺达成长的进程中，他的母亲郭玉芝起到了很大的作用。她深明大义，性格豁达，不仅把儿子李顺达培养成劳动英雄，而且自身就是平顺县数一数二的劳动模范、纺织英雄，兼任西沟妇救会主任。

我们用不小的篇幅来介绍李顺达，是想说，申纪兰嫁到西沟沙底栈，沟里沟外紧邻，她必然耳闻目睹了这些轰轰烈烈的运动，尤其是西沟三岔口李顺达家的发展变化，对她产生了很大影响。所以，当李顺达的母亲郭玉芝来动员申纪兰出来工作时，申纪兰一定有被看重的幸福感，也一定会欣然应允。

郭玉芝说申纪兰"这样一个好媳妇"，显然不是街坊邻居的一般客套，一定是看中了她身上什么独特的东西，那么，申纪兰与其他人家的媳妇到底有着怎样的不同呢？

郭玉芝是无法回答这些问题了，她已于1950年1月3日逝世。我们只好在后来把这个问题提到其他人的面前。

马俊召似乎更具有回答这个问题的权威性。马俊召在西沟也是个不简单的人物，共产党员，积极分子，和申纪兰一起奋斗多年。

1993年秋，我们初见马俊召时，她已是牙齿不全、嘴有些瘪的老太太。她胸前一个很大的围裙，围裙下一双三寸金莲。她的膝下有三男两女，身体依旧很硬朗，见人说话笑声不绝，满面开花。

我们问她："你比纪兰早嫁来西沟，入党也早，你为什么不是全国劳模，而纪兰是？"

她笑了，很是阳光地说："纪兰那她好呗，人能受，脚又大，家里没拖累。"

"就这？"我们还笑着继续问。

"就这。那她脚大、能受，我脚小呗，撵不上她。"马俊召说完又笑了，还是那样的阳光。

她回答的简约，出乎我们的预料，但确实比那些大话、套话、虚话更点到了申纪兰的本质层面。

"人能受"，不怕苦，不怕累，爱劳动，走在前，是申纪兰出类拔萃、脱颖而出的要件。正因为申纪兰"人能受"，所以她才可能成为劳动模范。后来她有一句名言说得好："劳模，劳模，不劳动，还叫个甚劳模？"

"脚又大"，是说申纪兰没有裹过脚，有一双大脚板。在她那一代妇女中，裹过又放开的"解放脚"是大多数，有一双天生大脚是很少见的。"脚大"成了她劳动的优势和本钱。

"家里没拖累"，是说申纪兰当时膝下还没有儿女。如果有了一男半女，妇女们出门就有了拖累有了拦绊有了牵挂，就不那么利落了。丈夫参军在外，纪兰没有拖累是自然的事，这在很大程度上解除了她积极参加劳动的家庭后顾之忧。

当然，仅有"人能受，脚又大，家里没拖累"这三点还不足让申纪兰成为全国人大代表中的唯一，还必须有社会的平台,历史的机缘。但是,这三点是基础,是准备。

申纪兰在和郭玉芝谈话后，开始在西沟出面工作了，劳动、开会，白天劳动，黑夜开会。

一天，会议开到深夜，申纪兰散会后从三岔口回沙底栈，正走着，一下就出溜到了山沟里。有人问她："纪兰，你去那里头弄甚哩？"

纪兰爬起来说："不弄甚，瞌睡得不行。"

人们笑了，原来纪兰走路时睡着了。

虽然条件苦了些，但没有什么能挡住农村新气象激发起申纪兰的一腔热血和浑身的朝气。

→ 妇女社长

★★★★★

申纪兰，一个普通的农村劳动妇女，是怎样的历史机遇为她构建了一个大放异彩的人生平台？

答案是，20世纪50年代初的农业生产合作社。

现在的年轻人很少有人知道什么农业生产合作社了，但是，我们不能不说的是，这是中国农村历史进程中的重大事件，是开辟农业合作化道路的起点，是中国农村社会主义改造的源头。

那么，这个"起点"、"源头"又在哪里呢？就在长治老区。

1951年3月，中共长治地方委员会（简称长治地委）要在全国率先试办农业生产合作社。长治地委为什么要提出试办农业生产合作社？事情还要回到两年前的1949年9月。

1949年9月1日，中共山西省委、山西省人民政府正式成立，赖若愚出任山西省委副书记，主持省委工作。

赖若愚，山西五台人，早年毕业于北京大学工学院，1937年延安中央党校学习后就一直在"太行区"工作，1947年任太行区党委书记。1950年，赖若愚任山西省委书记，1953年任全国总工会主席。毛主席称赞赖若愚"不仅是个秀才，而且是个帅才"。

9月5日晚上，赖若愚召见王谦。王谦即将上任长治地委书记。

王谦，山西平定县人，也在太行老区战斗过，曾任太行区副书记。至于他担任山西省省长、省委第一书记，四川省委书记兼重庆市委第一书记，那都是后来的事。

赖若愚找王谦谈话，特别指示，到长治工作着重要解决"老解放区应该走什么样的发展道路，采取什么方针和措施才能把老区的工作提高一步"的问题。

王谦书记到长治后，通过调查研究，认为老区农村当前重要的问题是要在互助组的基础上寻求一种新的组织形式，从经济上引导农民继续前进。这个"新的组织形式"就是试办农业生产合作社。

试办农业生产合作社，并不是一帆风顺的，而是跌宕起伏，困难重重。困难不在基层，而是出于高层的思想不一致。

"1951年春夏，围绕山西发展农业生产互助合作问题，出现了一场争论。"中央文献出版社出版的《毛泽东传（1949—1976）》这样明确地表述。

"一场争论"就是从长治试办农业生产合作社开始的。

长治地委把组建农业生产合作社的构想多次向省委作了汇报，1951年3月，山西省第二次党代会作出决定，同意在长治老区试办几个农业生产合作社。同时，省委书记赖若愚向党中央和中央华北局提交了《关于长治区试办农业社的意见》的报告。

中央华北局对山西省委的报告非常重视，派出政策研究室农村科的一个调查组到平顺县进行调研。

调研组得出的结论，却与山西省委、长治地委的意见相左。调研组认为长治老区农村眼下还没有拖拉机，没有必要搞什么农业生产合作社。

△ 申纪兰在劳动

长治地委不同意调查组的意见，仍然要试办。调查组要将长治地委的做法和双方的分歧写成报告，上报华北局。王谦书记坚持"报告"在上报华北局的同时，还要上报山西省委。

就在这样一个充满不同意见的氛围中，试办农业生产合作社的大戏登场了。人们没有想到的是，这些不同意见会上升到党中央决策的最高层，而且引起了"一场争论"。

3月27日，长治专区召开全区互助代表会议，长治地委书记王谦在大会上作报告，正式提出了要试办农业生产合作社。

3月28日，以县为单位分组讨论王谦书记的报告，并且志愿报名办社。

3月29日，长治地委批准了10个村的互助组先行试办，会议结束。

仅有短短3天的长治专区互助代表会议，却迈出了即将影响中国农民发展方向的历史性的一步。

几天后，清明节刚过，10个村先后成立了农业生产合作社，史称"10个老社"。

"10个老社"都是以社长的姓名命名。他们是：平顺县川底村郭玉恩农业生产合作社、襄垣县长畛村陈二明农业生产合作社、武乡县枣烟村魏名标农业生产合作社、武乡县监漳东村任磨成农业生产合作社、监漳西村崔五林农业生产合作社、武乡县窑上沟村王锦云农业生产合作社、屯留县东坡村王成喜农业生产合作社、黎城县王家庄村董桃气农业生产合作社、壶关县翠谷村冯海科农业生产合作社、长治县南天河村曹林水农业生产合作社。

"10个老社"共190户，790口人，入社土地2212亩，牲口107头。"10个老社"的社长，大都是村党支部书记、1950年山西省农业战线上的劳动模范和模范村代表。他们以一个农村共产党员所确立的信念，共同擎起了合作化那猎猎飞舞的大旗。

"10个老社"成立后，4月17日，山西省委向党中央和华北局提交了《把老区互助组织提高一步》的工作报告。报告中提出："老区互助组的发展，已经达到了一个转折点，使得互助组必须提高，否则就要后退。"

华北局不同意"报告"的观点，为了解决不同观点的问题，进一步统一思想，决定召开一次互助合作会议。会议地址在北京交道口菊花胡同的华北局招待所。因为招待所是栋小白楼，所以人称"华北局小白楼会议"。

出乎华北局意料的是，会议从一开始就展开了激烈的争论。华北局政策研究室的同志认为，没有机械化就不能实行合作社、集体化。但是，山西省参加会议的王谦、黄志刚（兴县地委书记）认为，没有机械化也应当积极试办和发展农业生产合作社。

政研室有同志就尖刻地批评长治地委试办农业合作社是标新立异，异想天开。王谦书记坚持意见不变。

会议上谁也不能说服谁，思想不但没有统一，反而是争论一场，不欢而散。华北局要否定"报告"的精神，山西省委保留意见。

这场争论，看上去是说长治地委该不该试办农业生产合作社，其实已经发展到了"是先机械化后集体化，还是先集体化后机械化"的问题上。

"华北局小白楼会议"后不久，毛主席很快就知道了争论的情况。他找刘少奇、薄一波、刘澜涛谈话，明确表示赞成山西省委《把老区互助组织提高一步》报告的观点和做法，批评了互助组不能提高为农业生产合作社的观点。

毛主席认为，在中国，即使没有大量的农业机械，也要经过互助组、农业生产合作社这些形式，把农民组织起来，这不但是发展生产的需要，而且也是实现集体化的必由之路。

刘少奇、薄一波、刘澜涛接受了毛主席的批评。薄一波回忆说："他讲的道理把我们说服了。"

毛主席要有关同志准备召开全国第一次互助合作会议，以统一思想，推动合作化进程。

9月20日，全国第一次互助合作会议正式展开。会议地址仍然在华北局的小白楼，人称"中央小白楼会议"。

在这次会议上依然有争论。这次会议的决议草案，是由陈伯达起草的。决议草案写好后，毛主席让陈伯达去征求赵树理的意见。

赵树理，山西沁水人，抗战时期就一直在"太行区"工作、创作，成为熟悉农民的著名作家。他所创作的《小二黑结婚》《李有才板话》等艺术作品是家喻户晓、脍炙人口的。他不仅是农村题材的文学大家，也是农村问题的专家学者，兼任着中央政策研究室农业组副主任一职。

赵树理看了决议草案，表示说，农民的积极性主要是在家庭为单位的生产上。

毛主席很看重赵树理的意见，并要求决议草案一开始就要表明农民的劳动互助和个体经济的两个积极性，是迅速恢复和发展国民经济，促进国家工业化的基本因素之一。

赵树理自始至终参加了"中央小白楼会议"，与陈伯达也常有争论。他不赞成大搞农业合作社，而且举出许多生动的事例加以说明。陈伯达对此很不耐烦，不断反驳赵树理。有趣的是，赵树理听不太懂陈的闽南话，陈伯达也弄不明白赵的沁水话，二人虽是在争论，但常常是你说你的，我说我的。

会议开了10天，9月30日结束。"小白楼"先后两次召开互助合作会议，后一次否定了前一次。

当然，"10个老社"的领头人是不知道这些争论、批示的，他们只是千方百计地带领社员搞好生产。

走过了春，走过了夏，秋凉了，穗黄了，庄稼上了场。长治地委密切关注"10个老社"的收成，因为实践是检验真理的标准。

值得长治地委高兴的是，"10个老社"全部丰收，粮食平均亩产超过战前84.1%，而且普遍超过各自村里最好的互助组。这一下使王谦书记长长地松了一口气。他在"小白楼"的争论终于有了最具说服力的注脚和佐证。

"10 个老社"的全部丰收，从实践上支持了"先集体化"的理论，检验了中央决议草案的正确性、可行性。"10 个老社"试办成功，标志着中国农村势必要走集体化的道路。

12 月 15 日，毛主席为中共中央起草了关于印发互助合作决议草案的通知，要求将它印发到县委和区委，并组织实行，强调要把农业互助合作"当作一件大事去做"。

事情还是回到长治地委试办的农业生产合作社。也许我们应该注意到，"10 个老社"中并没有一直在"上党区"引领风骚的西沟李顺达。

这是为什么呢？

1951 年 3 月，在长治地委还没有召开"互助代表会议"的时候，李顺达到北京参加了全国农业工作会议，并积极响应会议号召，首先向全国农村发出爱国主义增产竞赛的倡议。3 月 9 日，《人民日报》发表了《李顺达互助组向全国发起爱国主义增产竞赛的倡议》。

李顺达互助组的倡议发出后，全国各地有 1938 个互助组和 1681 名劳动模范积极应战，一场轰轰烈烈的爱国主义生产竞赛热潮在全国各地掀起。

正因为这个原因，3 月 29 日，长治地委才没有批准李顺达试办农业生产合作社的要求，要他一心搞好爱国主义生产竞赛。

1951 年 10 月，李顺达参加了全国政协一届三次会议。当他返回长治时，11 月 21 日，长治地委正在大张旗鼓地召开农业生产合作社代表会议，庆祝胜利，总结经验。李顺达向地委汇报了国庆观礼和全国政协会议的情况。王谦书记让李顺达参加地委的会议，听听合作社试办的情况。

地委书记王谦在会议上作报告。他在报告中扬眉吐气地说："一年来，从10个农业生产合作社试办结果看，这一方针是正确的。"

会议上，"10个老社"的领头人光彩夺目、神采奕奕。粮食的丰收抚慰了他们办社中的屡屡艰难，抹平了他们心中曾经有过的种种疑惑。

丰收了，什么都好说了。会议上又有45个互助组要求办社，长治地委批准了这些互助组办社的要求。这其中就有李顺达互助组。

1951年12月10日，西沟办起了李顺达农业生产合作社，社员26户，社长李顺达，副社长申纪兰、马玉兴、方聚生。

这年，申纪兰年仅22岁。

22岁的申纪兰怎么会当选为副社长呢?

合作社里尽可能有位妇女领导，有利于发动妇女参加生产，这是长治地委强调的。妇女副社长一定要具备工作积极、吃苦耐劳、有一定影响力等基本条件。西沟党支部在谈论这一问题时，还对妇女副社长附加一个条件：能选一位军属更好。

申纪兰是共青团员，工作积极，吃苦"能受"，而且还是军属，所以当选副社长便是理所当然的了。

申纪兰成为副社长，将是她成长为全国著名劳动模范的时代机缘。机会总是青睐有准备的人。申纪兰准备好了吗?

➡ 同工同酬

★★★★★

　　申纪兰 22 岁即成为李顺达农业生产合作社的副社长，妇女副社长的主要任务之一，就是发动妇女参加农业生产劳动。

　　参加农业生产劳动，申纪兰自己没有问题，脚大，能受，又年轻，是把好手。但要发动全社的妇女去参加生产劳动，那就是个大难题。

　　"把妇女发动出来参加生产劳动，那很艰难。"申纪兰在老年时给我们说起这件事时，仍然是感慨不已。

　　那时候的妇女是讲究"大门不出，二门不迈"的。在平顺县就有"好男走到县，好女走到院"的古训。要发动她们去参加生产劳动，无疑是在冲击着千年封建意识在农村织就的充满张力的大网。即使是在西沟这样的山村中，妇女要去劳动，还是有很多人想不明白，包括男人和女人自己。

　　男人们说："下地受苦是汉们的事，媳妇就是做做饭，缝缝衣，生个孩儿。"

　　女人们说："嫁汉嫁汉穿衣吃饭，自己能去劳动，还用着嫁人？"

身上有"背不动"
的责任

这些说法，很尖刻也很有代表性。在过去，只要是男人不在家，不管谁叫门，女人就会说："没人啊！"

所以，申纪兰动员妇女参加农业生产劳动是个很大的难题。

申纪兰白天劳动，黑夜开会，还要挨家挨户去做妇女的工作，反复对妇女说，社里是按劳分配，去劳动就能挣工分，挣上工分就能分红利、分粮食。

有几个年轻的大闺女小媳妇被申纪兰说动了，跟着她去参加了劳动。可是在登记工分的时候，是谁家的媳妇就记到谁的名下，谁家的闺女就记到谁的名下，而不记这些妇女的名字。

妇女们就说："我去劳动，怎么就没有我的名字？这样记分，那咱就显不出来。"

想着自己要"显出来"，这是不是已经涉及到一个实现自我价值的社会命题了呢？应该是。申纪兰提出，妇女劳动的工分要记到妇女的名下，不要与家长混在一起。

记工员说："这有个啥呀？反正都是一家人。"

申纪兰说："那不行，是谁劳动就记谁，混到一起说不清。"

合作社答应了申纪兰的要求，参加生产劳动的妇女多了起来。但是，到了锄小麦的时候还是人手不够。申纪兰提出要动员李二妞上工。一说李二妞，妇女们笑开了，说那根本就不可能，她是个什么东西？

李二妞是秦克林的媳妇，不出门不学习也不开会，干什么手脚都很慢，连秦克林都不拿正眼瞧她。

"要是李二妞能下地，咱村就没个不能下地的人了。"有人说。

人们看不起李二妞，反倒使申纪兰看到了问题的关键点，因为只要把李二妞动员下了地，其他妇女的工作就很容易做通了。

散了会，申纪兰去敲二妞家的门。"没人！"李二妞答话。她家已经吹了灯。

申纪兰又敲了敲门说："我是纪兰啊。开开门，给你说个事。"

李二妞点上灯，开了门。申纪兰坐在炕沿上对她说，春忙秋忙绣女下炕，眼下妇女们都要去锄小麦，你也要参加生产，解放自己。

李二妞说："你进步你去锄地吧，我活了半辈子，死了就是一辈子，解放不解放吧没个甚。"

申纪兰说："参加了劳动，多挣些工分，就能多分些红利，也能缝件新衣裳穿，不用一直穿破衣烂裤的。"

李二妞叹了口气说："哎，衣裳破就破吧。年轻人才穿新的，我老了，还穿新衣裳干甚？"

申纪兰说："你才多大啊倒老了老了？过去他爹瞧不起你，你穿得也破里破表。如今是能劳动就能享受，多劳动就多分粮。你只要去劳动，他爹保险就对你好了。你想吧，全村的妇女都下地了，就你一个人在家？还是下地吧，大家说说笑笑多好哩。"

李二妞动心了，真要去劳动，男人能和自己"好"，这是最重要的。她嘴上虽然还是说"人家劳动就享受，我不能劳动就受苦"，但起身送申纪兰走时，心思已经活动开了。

第二天一大早，申纪兰见到了秦克林，把昨天夜里的事说了说。秦克林说："那是个活死人，还能下了地？"

申纪兰说："那也不一定。你也得说说，她真要下了地，也能帮家里一把。"

"说说瞧吧，那是个上不了台面的货。"秦克林知道自己的媳妇，所以不抱多大希望。

吃完早饭，申纪兰正在招呼大家下地时，突然看见李二妞也拖着锄从家里出来。她赶紧迎了过去，打招呼说："吃了？"

"嗯。"

"去地呀？"

"嗯。他爹说我了，你要吃饭就去锄麦子，要不吃就拉倒。纪兰你说说，这说的是个人话？我还能不吃饭？"

申纪兰笑了，说："对呀，谁能不吃饭？走，咱都下地去！"

锄地时，李二妞紧挨着申纪兰。她开始跟着纪兰学，越锄越有劲，别人锄两垅，她也锄两垅。当天晚上，申纪兰让村广播员在喇叭里表扬了李二妞。李二妞听了广播高兴地说："劳动就是好。"

那时候，村里最先进的传媒就是广播喇叭。广播喇叭表扬了李二妞，对没有下地的妇女有了很大的刺激。她们说："二妞那懒媳妇都能受到表扬，我要下地肯定比她强。"

李二妞下地的连锁反应在第二天就表现出来了，全村妇女劳力全部下地锄小麦。35亩麦地，妇女们3天锄完。

男人们说："还真瞧不透妇女们哩，干个甚还行！"

妇女参加劳动有了突破，但"显不出来"的问题依然存在。问题不是有没有妇女的名字，而是出在了工分的评比上。男女劳动，工分不一样。两个女劳动力只能相当于一个男劳力，男人记10分工，妇女只记5分工，人称"老5分"。

妇女们对申纪兰说，咱和汉们干一样多的活，凭什么他都是10分咱是5分？这不是瞧不起妇女是甚？因此，有的妇女不愿再去地了，说还不如在家纳鞋底哩，纳一对鞋底也能赚3升米。

申纪兰等一批年轻的妇女没有退却，她们下决心要做出个样子来给男人们看看，也给其他妇女看看。

一天，一个叫张雪花的年轻妇女和汉们去耙地。耙地时，通常是

△ 申纪兰带头参加生产劳动

男人蹬耙，女人牵牲口，男人10分工，女人5分工。

这天上午，是雪花牵牲口，汉们蹬耙。下午，雪花要蹬耙。汉们说："你就不怕摔下来？"

雪花说："不怕。我试试。"雪花上了耙，两只小脚踩稳当了，双手拽着缰绳，眼睛盯着前方，说了一声："走呗。"汉们一扬鞭杆儿，"驾"了一声，牲口顺垅走开了。

雪花一开始还是找不对重心，有些蹬不稳。但过了一会儿，她感觉好多了，耙也走稳了，心情也放松了。耙到地头，她下耙，提耙，转过横头，再放耙，上耙，自如了许多。

晚上，申纪兰和张雪花一起来记工分。雪花问："我这工分该怎记？"

记工员说："蹬耙的记 10 分，牵牲口的记 5 分。"

雪花说："我蹬耙来。"

记工员愣住了，看了看去耙地的汉们。

"那她是蹬耙来。"那汉们说。

申纪兰说："该给雪花记 10 分，蹬耙来，和汉们记成一样的。"

记工员在张雪花的名下记了 10 分，发给雪花 10 分工票。

这样，张雪花和汉们就记成了一样的工分。

这件事尽管有他的特殊性，但妇女和男人干同样的活儿记成同样的工分，对于西沟的妇女有着很重大的意义。

申纪兰把这一信息告诉了妇女们。第二天，大部分妇女又上了地，都想着能和男人挣同样的工分。

怎样才能把耙地的这一特殊性变成像其他劳动的普遍性？申纪兰想到了要和男人开展劳动比赛，争取得到汉们的认同。

地里要撒肥，通常往箩头里装肥的是妇女，记 5 分工；男人担到地里撒开，记 10 分工。男人说，这需技术，要不撒不匀。

申纪兰提议，男女要分开地撒肥，比一比。比就比，那些瞧不起妇女的汉们当然不在乎。

申纪兰领着妇女去了一块地。那些汉们去了另一块地。地块大小差不多，人数也一样，比赛开始了。

申纪兰拿着锨走到地里做了一个撒肥的示范动作，肥料呈一个扇面，均匀撒在地上。她说："咱先把地划成行，一行一行撒，能保证又匀又实。"妇女们照此办理，担的担，撒的撒，不到晌午，干完了这块地。

晌午了，男人们还没干完。他们有些不服，理由是上午吸了几袋烟耽误了工夫。

妇女比赛胜出。申纪兰等几个骨干被记为 10 分工，李二妞也记了 7 分工。

这时，没出工的妇女们又来找申纪兰说："你不能挣分多了就不叫我们了，啊？"妇女的劳动积极性又被调动起来。

总结春耕生产时，全社评出16个劳动模范，妇女有6人。

比赛还没有完结。谷苗长高了，要间苗，妇女们仍然要比赛。

间谷苗比赛，汉们很当回事，到了地头烟也不吸，蹲在地上就干。他们蹲在地上，一会儿就腰酸腿麻，想快也快不了。妇女们是跪在地上间苗，头不抬脸不仰，一个劲儿往前走，明显占据了上风。

汉们腰酸腿疼一天评了8分工。妇女们评到10分工，有几位还评到11分。有的汉们给申纪兰说："你可不光是妇女的社长，还要想到我们哩。"

申纪兰笑着说："我就是想到你们了，才要竞赛哩。"

有的汉们还是不服气，总想给妇女们出个难题难倒她们。夏天，社里买回100只羊，有汉们就说："妇女们不是叫喊着和男人一样吗？那就叫她们放放羊吧。"

放羊，历来是男人的活儿，在平顺谁见过妇女放羊？申纪兰知道这是有人在难为妇女们。她找张雪花商量，雪花说："不就是放个羊？放放就放放。"

第二天，天色放亮。申纪兰和张雪花来到羊圈。申纪兰打开圈栏，把鞭子一扬，头羊走在前面，羊群叫着挤着出了圈。申纪兰在前领着，张雪花在后赶着，一大群羊上了山。

这时，有人给妇女们编了一个顺口溜：

西沟妇女真是行，

赛过宋朝穆桂英。

本本不离场场在，

各项任务能完成。

当锄二遍谷苗时，男女又搞比赛，打了个平手。合作社总结夏季生产时，评出 21 个模范，妇女占据 9 席。

撒肥、间苗、锄苗，三次比赛后，妇女们争取到了和男人们记一样工分的胜利。一样的劳动记一样的工分，这就是"男女同工同酬"。

又有的汉们提出妇女也要去担圊肥、抬石头，干一些重体力劳动的活儿。

这一招儿，被合作社的领导们拦住了，说："咱比赛为个甚？是说汉们不能小看妇女，要尊重妇女。比赛不是怄气。比了比地里的活，汉们倒沉不住气了，要比比纺花缝衣裳，你都还要上吊哩？"

申纪兰给我们回忆说："比了三次，才得到同工同酬，那可是不容易哩。"

她说："那是初次，同工同酬一直有斗争，几年以后还有这个问题。"

她说："同工同酬可不是一日之寒，不是一句话能说完的事。"

我们知道，我们很难描述出当年的艰辛和苦楚。

这些都是半个多世纪以前的故事，今天的年轻人很难懂了。这不要紧，要紧的是我们应该懂得妇女解放、男女平等、妇女能顶半边天等等一切美好的理想，其本质的要求、最基本的出发点，就是要实现男女同工同酬。离开了这个基本点，说什么都是不着边际的胡扯。

经济越发展，社会越进步，只会证明男女同工同酬的伟大，只会映照出男女同工同酬真理的光辉。从这个意义上讲，今天的妇女依然应该为 20 世纪 50 年代初的那个春天祝福，应该感谢西沟的妇女们，应该感谢申纪兰。

奋力争取男女同工同酬，申纪兰等一批妇女迈出了勇敢的一步。这一步将会送纪兰走得更远。

1952年深秋，长治地委召开的互助合作会议，继续总结经验。

会议当初并没有通知申纪兰来开会。会议开始后，长治地委的主要领导赵军书记发现会场上都是箍白毛巾的汉们，突然感觉到缺少了妇女代表不合适，这才临时动议，想请一些妇女来出席会议，而且最好能在会上讲一讲。这样，平顺县委书记李琳推荐了申纪兰。

会议的第二天，申纪兰骑着毛驴来长治参加会议。毛驴是副社长马玉兴家的，给纪兰牵驴的就是马玉兴。

下午，申纪兰上了会议主席台，看着台下都是箍毛巾的汉们，心里有些紧张。她镇定一下，拽了拽衣服，把辫子向后一甩，开口说："我叫申纪兰，是西沟合作社的。"

她话音一落，台下发出了一阵笑声。这一笑，反倒使她放松了。她很自如地从自身说起，从开春说起。

她说："过去男女不平等，我娶过门3年了，婆婆才给了我8尺布做了件衣裳。平日吃饭也不一样，男人吃好的、干的，妇女吃赖的、稀的。我婆婆就常说，咱全家是指靠你（公）爹过哩，好的让他多吃，咱就吃赖点。"

她说："西沟成立了（农业生产）合作社，我被选成了副社长，要发动妇女参加劳动，那可是费了劲儿了。"她从开春锄苗说起，说到发动李二妞参加劳动，说到张雪花蹬耙争取同工同酬，说到和男人开展劳动竞赛，争取到了和男人记一样的工分。"

她说："一年下来，全社 24 个妇女，做了 674 个劳动日，占合作总劳动日的 35%。妇女的生产技术也有了很大的提高，有 4 个妇女成了下地上场的全把式，12 个学会了犁地，其余的都学会了使用大锄。"

她说："现在男社员也关心妇女了，社里的女干部也多了。男社员也说，妇女参加劳动要注意身体，不能累坏了。财旺，还得人旺。妇女累坏了，谁给咱生孩子？社里还每月给妇女发两条月经带，并规定妇女来了月经，可以 5 天不上地。"

她说："妇女参加了劳动，在家里的地位就变了。李二妞参加劳动，秦克林对她好了，给二妞做了件新衣裳。张雪花以前在家常受气，自从劳动后，他男人见人就说，过去雪花是个吃闲饭的，现在成了家里的宝贝了。我婆婆也常说，从前是指望老汉活哩，现在离了纪兰可不行。今年婆婆给我做了两身新衣服，还新缝了一条花裤子。"

她说："工作中不会没困难，特别是妇女参加生产劳动，有很多的困难。有了困难，我就去找党支部、社委会，总能克服困难。"

她说："劳动就是光荣，妇女只有参加劳动，才会在家庭和社会中有地位，才能让人瞧得起，自己也才能显出来。我男人在抗美援朝流血流汗，我在家领导妇女搞好生产，做好家务，这是应该的。只有妇女都解放了，我自己就真解放了！"

她最后说："我也不会说个甚，怎干来就怎说。说不好，叫大家笑话了。没个甚，说完了。"

会场上立刻响起了热烈的掌声。

申纪兰的出现，让人们耳目一新，把整个会议引向了一个意趣盎然的高潮。人们议论的话题完全转向了男女同工同酬。人们记住了西沟的申纪兰，她能受，能说，还有双美丽的大脚。

△ 《人民日报》发表的申纪兰争取同工同酬的文章

　　一位《人民日报》的记者也在会议的现场，也被申纪兰的事迹深深地感动了。这位记者名叫蓝邨。

　　蓝邨听了申纪兰在会上的发言，敏锐地意识到，这是个重大新闻题材。因为新中国的妇女如何真正获得解放，必须从男女同工同酬这个基本点去破题。他抓紧时间采访了申纪兰，并赶写了一篇通讯。主标题很鲜明："劳动就是解放，斗争才有地位"，副标题是"李顺达农林畜牧生产合作社妇女争取同工同酬的经过"。这篇通讯于 1953 年 1 月 25 日在《人民日报》

发表。

平顺县委书记李琳后来说："一篇报道《劳动就是解放，斗争才有地位》，纪兰就在全国叫响了！"

新华社的记者马明，也以申纪兰的事迹为主题，写了一篇新闻稿，发表在1953年的《中国妇女》杂志上。

申纪兰一时间成了新闻人物。

申纪兰没有想到，自己一个西沟的普通媳妇，也能到长治开会，还在会上讲了话。她更想不到的是，自己要去北京了。

不劳动还叫个甚劳模

→ 人大代表

★★★★★

　　1953 年 4 月，中国妇女第二次全国代表大会在北京召开。申纪兰当选为大会代表，要赴京去参加会议。

　　申纪兰接到会议通知就很激动，老话说"好男走到县，好女走到院"，李顺达就走到了北京，而且作为中国农民代表团的成员，在 1952 年出国到苏联进行了学习参观。自己也没有想到，去年秋到太原参加了山西省农业丰产劳动模范代表大会，腊月（1953 年 1 月）入了党，一开春又要去北京开会。村上的妇女都去过哪里呀，去趟长治也不容易，更不用想去太原瞧瞧了，去北京就是梦也梦不到。

　　去北京能见到毛主席吗？一想到去北京，申纪兰不由地就想到了这些。

　　阳春三月，风暖了，绿了杨柳，黄了迎春。

　　申纪兰一夜不睡觉，把身上的棉衣拆成个夹衣，做好了起程的准备。

　　平顺县委很重视申纪兰去北京开会的事，不再让她骑驴，而是花了 5 块钱雇了头骡子把纪兰送到了长治。申纪兰从长治坐着烧木炭的卡车到了太谷，从太谷坐小火车到了太原，从太原坐火车到了北京。

1953 年 4 月 15 日，中国妇女第二次全国代表大会在北京中南海怀仁堂召开。在这次大会上，申纪兰当选为全国妇联第二届执行委员会委员。

会议通知，毛主席等党和国家领导人要接见大会的代表。申纪兰激动得一晚上没有睡觉，被一种巨大的幸福感挟裹着，觉得比过年还要高兴。她睡不着觉，早早地起床，慢慢地洗脸，细细地梳头。她把两根大辫子梳好了辫起来，辫起来再梳开去，秀发长长，梳来辫去，一直到天亮。

代表们在会见厅列队等候，申纪兰站在最前的一排。

大会接见开始。毛泽东、朱德、周恩来等党和国家领导人缓步走进会见大厅，大厅里响起了热烈的掌声。

毛主席与代表们合影留念后，在热烈的掌声中向代表们挥手致意。

申纪兰此刻最大的心愿就是能好好看看毛主席。她一边鼓掌，一边把身子探了出去。

毛主席边挥手边鼓掌边向申纪兰她们这边走来，申纪兰多么想和毛主席握握手啊。一个山村的老百姓能亲眼见到大救星毛主席，要是能再握握手，那是多大的福气啊！

当毛主席向她越走越近时，申纪兰便什么也不顾，推开座椅，向前走了两步，双手紧紧握住了毛主席的手。

她握住毛主席的手，要好好看一看，可是一抬头，因为激动的泪水止不住地往下流，眼前竟是一片模糊，什么也没看见。

她握住毛主席的手，本想说一句"毛主席你好"，可一张嘴，哽咽得什么也没说出来。她只觉得毛主席的手好大好大。

"她是李顺达合作社的女社长。"申纪兰听见邓颖超大姐向毛主席介绍。

毛主席连连说：好，好啊。

这是申纪兰和毛主席第一次握手。会见结束后，很多人围上来和申纪兰握手，说她是代表中最幸福的人。

申纪兰自己也感到很幸福、很光荣，但也很后悔。她后悔自己哭的是个甚？要不哭，不就能看清毛主席，问一声好了吗？

"可我当时根本就不由自己。那是激动的眼泪，想止也止不住。见到了毛主席，又握了手，这是我最大的光荣，也觉得身上有种背不动的东西。"申纪兰在几十年后对我们这样说。

背不动的东西，是种责任，是种信念。听党话，跟党走，建设好山区，这是她给自己的心中的一种神圣的担当。

申纪兰参加完会议后，在北京进行了参观活动，同时准备出国参加世界妇女大会。

行走在故宫大殿的玉阶上，观赏着昆明湖水的灵秀气，足以让申纪兰感到新中国妇女的荣光。不过，她对出国的准备却很难适应。比如，吃饭用叉用刀就不习惯，穿旗袍走路不能迈大步也很难受。特别是还要化化妆，那就更别扭了。出国前，代表们专门在前门的大北照相馆照了相，申纪兰觉得那就不像自己，很像个唱戏的。

1953 年 6 月 5 日至 11 日，申纪兰以中国农村劳动妇女的代表，出席了在丹麦首都哥本哈根召开的第三届世界妇女大会。

申纪兰穿着旗袍，一看四周没人，就把旗袍提起来快走几步；一见有人，就再放下来慢慢走。

很多外国人以为中国的妇女还停留在裹脚时代，尤其是在不开化的农村。当得知申纪兰就是农村妇女时，她们都很惊奇，问申纪兰："你怎么这么大的脚？"

申纪兰说："我们中国（妇女）都是大脚，裹脚是旧社会的事，新中国的妇女都是大脚。"

申纪兰这次出国，大开眼界。她看到了碧波万顷的大海，鳞次栉

△ 申纪兰赴丹麦的出国照

比的高楼，草青树绿的田园，机器轰鸣的工厂，尤其重要的是看到了妇女们的不同活法。

中国妇女代表团回国时，特意访问了苏联莫斯科。申纪兰看到了在农村开拖拉机的妇女，在工厂开机器的妇女，在学校学习的妇女，在机关工作的妇女。这一切都对她的心灵发生着猛烈而又深远的撞击。她知道了，妇女的生活可以更美好。

在大会上，她看到苏联集体农庄的妇女劳动模范，胸前挂满了亮闪闪的奖章，觉得特别的光荣和神气。她要以此为榜样，不断鼓励自己，不断鼓励西沟的妇女，为改变山区的面貌不遗余力地去奋斗。

7月，申纪兰回到西沟。西沟人在村外敲锣打鼓地欢迎她。

简朴的一个欢迎仪式，使申纪兰感动得流下了眼泪。她想到自己当年嫁到沙底栈时，也只是放了几个鞭炮，如今村上人出来的欢迎，使她再次感受到"劳动就是解放，斗争才有地位"。

申纪兰当天上午回到西沟，下午就参加了劳动，到河滩去修滩造地。

"那时候，浑身有使不完的劲儿。"申纪兰说。

李顺达、申纪兰两个农民先后的出国访问，无疑是当时的重大新闻。长治地区组织他们作了许多场的巡回报告。他们胸佩奖章，金光闪闪，每到一地，都会受到异常热烈的欢迎。人们从他们的报告中，似乎

▽ 申纪兰在哥本哈根

看到了社会主义的光明前景，很受鼓舞。

有很多人认识李顺达、申纪兰，也是从这时开始的。

申纪兰到阳城县作报告时，欢迎她的人群中有一个身穿白衬衣、蓝裤子的女学生。这个女学生深深地被申纪兰的事迹所感动。当天晚上，她在油灯下写下了第一份入党申请书。那年，她18岁。

这位女学生就是后来在20世纪90年代感动了中国，获得了中国第一枚"白求恩奖章"的长治市人民医院副院长、妇产科主任赵雪芳。

不夸张地说，受到影响的绝非赵雪芳一个人，可能会有很多人，或者说是一批人、一代人受到了申纪兰的影响。

李顺达、申纪兰把在苏联所见到的森林、果园、农庄等景象，叠加在西沟的山山沟沟上，描绘出一幅西沟未来的美妙的画图，那就是："山上绿油油，牛羊满山沟。走路不小心，苹果碰着头。"

这时候西沟把发展的重心转移到了植树造林上。

植树造林，是山区发展的根本出路。这是人们和大自然反复较量，并受到大自然的惩罚后，才逐步认识到的一条永恒的真理。

合作社现在把植树造林提到重要的议事日程上，显然不是小打小闹，而是要有大动作。

上山种松子，成了西沟妇女的重头戏。妇女们挎着篮子，拿着镰刀或者小尖镢一类的工具上山了。

小花背、圪针背，是西沟人提到种树时常常说起的两座山的名字。

当年西沟的妇女们能走到小花背已经很不容易了，因为她们不少人是小脚女人。申纪兰让年龄大点儿的留在山脚，自己带年轻人上山顶，中午吃点干粮，天黑了才回家。

她们在山上种松子，分片竞赛，看谁种得快，种得好。她们一边种着，还互相喊叫。这边山上的人向那边喊：种了多少啦？那边山上的人回答：种得不多呀。其实，大家是一边喊，一边鼓足了劲儿干。

妇女们累了，走不动了，或者是灰心了，申纪兰就给大家唱自己编

△ 申纪兰与李顺达在山上种松子

的山歌：

> 走一岭来又一岭，
> 小花背上去播种。
> 现在种下松柏子，
> 再过几年满山青。

假如我们能想象一下，一群西沟的妇女，爬在大山的背阴坡上，坚持不懈地播种树籽，山坡上不时还回荡着纯朴的山歌，那该是怎样的一幅画面啊。这幅画面升腾着一股荡气回肠的英雄气，又给人以一种无法言表的悲壮美。

西沟的妇女就是这样咬紧牙关，年年播种，一直到 20 世纪的 60 年代，播下了 6200 亩的树。

昔日的荒山，开始变绿了。

1954 年，是申纪兰和西沟人收获辉煌的一年。

这一年，申纪兰和李顺达双双被选为第一届全国人民代表大会代表。这一年，李顺达代表西沟农业合作社获得"爱国丰产金星奖章"。

我们应该记得，1951年3月，李顺达的西沟互助组向全国的互助组发出爱国主义增产竞赛的倡议，由此掀起了一场轰轰烈烈的生产竞赛的热潮。这场竞赛有力地支持了抗美援朝战争，推动了全国的农业生产。

1952年初，这场竞赛活动有了结果，全国有4人获得竞赛的"爱国丰产金星奖章"。这其中就有李顺达。

"金星奖章"是在1954年2月13日颁发的。时过两个月，4月21日，《人民日报》头版发表了农业部颁发"爱国丰产金星奖章"的消息，并配发了4位金星奖章获得者的照片。

1954年9月15日，中国第一届全国人民代表大会

△ 申纪兰（右后三）与一届全国人大代表合影

不劳动还叫个甚劳模

在北京隆重召开。这是中国人民政治生活中具有历史意义的重大事件。

申纪兰和李顺达双双被选为第一届全国人民代表大会代表。

申纪兰回忆说："李顺达是省人大代表，我不是，可选全国人大代表时把我也选上了。"

申纪兰为什么不是省人大代表而成了全国人大代表的呢？

申纪兰不是山西省人大代表，是因为受到名额的限制。一个村有两名省人大代表，这不太合适。李顺达的名声大，当选省人大代表理所当然，那么申纪兰不是省人大代表也就顺乎情理。

既然如此，申纪兰为什么又会被选为全国人大代表呢？这是因为代表界别的关系。

劳动妇女代表是全国人大代表中的一个重要界别，在山西省，谁是这个界别中的杰出代表呢？申纪兰无疑是首屈一指的人物。她是最基层的劳动妇女，是最早提出和实现男女同工同酬的典型，是代表中国劳动妇女出席世界妇女代表大会的代表，所以申纪兰以劳动妇女代表当选为全国人大代表又是顺理成章的事。

这就是说，申纪兰不是代表西沟而是代表劳动妇女当选为全国人大代表的。这样，一个历史的巧合和奇迹出现了，西沟一个村竟然走出两位全国人民代表大会的代表。

申纪兰也没有想到自己能当选全国人大代表。

可以说，这几年她有许多个想不到，想不到发动妇女走出院、争取男女同工同酬是那样难，想不到能到北京参加全国妇女代表大会见到毛主席，想不到还能穿旗袍去丹麦到苏联大开眼界，想不到这次当选全国人民代表大会代表。

她说："当上（全国人大）代表很激动，一人缝了一身夹衣裳去参加会议。"

她又说："9月，就是农历八月，一早一晚山里已经凉了，光穿单衣顶不住，所以赶紧缝了身夹衣。当时生活（水平）还很低呗。谁知

△ 参加第一届全国人大的山西妇女代表（右一为申纪兰）

道北京比平顺差俩节令，穿上夹衣又热得不行。"

当选全国人民代表大会代表，是申纪兰重要的人生的新的起点。她将会用自己的全部来维护和保持人大代表的责任和荣光。

1954年9月中旬，第一届全国人民代表大会山西代表团赴京，入住东四旅馆。

山西代表团由26人组成，其中有平顺县3人：李顺达、申纪兰、郭玉恩。

郭玉恩是川底人，也是在1943年办起了互助组，与李顺达一起参加过"太行区第一届群英会",被评为二等劳动英雄,奖品 8 只羊。在"10 个老社"中,郭玉恩是优秀的代表,1954 年获得"爱国丰产金星奖章"。

山西代表团中有 4 位女性：申纪兰、英雄刘胡兰的母亲胡文秀、著名歌唱家郭兰英、临汾地区领导干部李辉。

9 月 15 日下午 3 时,中华人民共和国第一届全国人民代表大会第一次会议,在中南海怀仁堂隆重开幕。

"当了代表,不敢多说话。"这是她老年时给我们回忆时说的。

当记者采访她谈谈当人大代表的感受时,她就一句话:"我真高兴,做梦也没梦过。"

记者又问到代表的使命时,她也只是说："我要画好圈儿。"

"画好圈儿",就是在选票上为毛主席画一个又圆又大的圆圈儿。申纪兰想,自己是人大代表,就一定要代表人民把人民的大救星毛主席选上国家主席。

为了"画好圈儿",她每天夜里都要认真地练习。她开始怎么也画不圆,急得手心都出汗。后来,她拿一个笔帽比在纸上画,觉得能画好了,谁知离开笔帽还是画得不那么圆。她就继续练,总想把这个圆圈儿画得大大的、圆圆的。

也许人们会说,圆圈谁不会画? 画上就对了,圆不圆没关系,何必非要练习呢?

申纪兰不这样想,她觉得这个圈儿画得圆不圆很重要,只有把这个圈儿画得大大的、圆圆的,才能把自己的愿望有个圆满的表达。

9 月 27 日的全体会议,要选举新的国家领导人。申纪兰把头发梳得光光的,两根辫子上系着蝴蝶结,小花的大襟衣服上别着光灿灿的各种奖章。她在选票上极其郑重地在"毛泽东"的一栏内画了一个圆圆的圈儿,然后依序排队走到投票箱前,双手把选票投了进去。

当毛主席等党和国家领导人来到人大代表中间时,整个会见大厅

△ 申纪兰在第一届全国人代会上投票

沸腾了。

申纪兰拖着胡文秀一起去和毛主席握手。

申纪兰这次没有哭，抬头看清楚了毛主席满脸的微笑。她想向毛主席问声好，但一张嘴，还是激动得没能说出话来。

9月28日下午3时50分，毛泽东宣布大会闭幕。

大会结束后，代表们并没有离京，而是参加了国庆观礼。

1954年10月1日，新中国成立5周年国庆日。申纪兰、李顺达、胡文秀出现在天安门左侧的观礼台

△ 申纪兰在天安门观礼台上

上。她们很阳光，也很灿烂。

申纪兰当选为第一届全国人大代表，无疑是她成长中的一个有标志意义的里程碑。

人们没有想到的是，申纪兰竟会连续当选十一届全国人大代表，成为代表中的唯一。

这是一条漫长的路，充满掌声也充满艰辛，更需要矢志不渝。

➡ 奋力前行

★★★★★

新中国的农村，以农业生产合作社的发展为标志，拉开了社会主义改造的大幕。

申纪兰成为这一时期不可多得的代表人物，中央新闻电影制片厂把她的事迹拍摄成新闻片，在故事片放映前"加演"。人们从"加演片"中看到的副社长申纪兰，能受，脚大，风风火火。

1955 年的一天，山西省委书记陶鲁笳把平顺县委书记李琳召到省城太原。

陶鲁笳说，毛主席要亲自编辑关于农村合作化的书，书里还能没有西沟? 你们坐下来，专门碰一碰，好好地弄个西沟的材料报上去。

"你们"是 4 个人：王绣锦（省委农工部长）、贾俊（长治地委书记）、李琳、马明（新华社记者）。他们住在宾馆认真讨论起来。

李琳回忆说，说西沟说什么? 仅一个标题就整整折腾了一天，想来想去，最后敲定为"勤俭办社，建设山区"。

文章由马明和李琳主笔，没有什么花里胡哨、哗众取宠的东西，用了 4 个小标题："美好的远景

不劳动还叫个甚劳模

鼓舞了人心"、"合理地使用劳动力"、"精打细算"和"西沟乡的旧面貌正在改变"。一个星期后，杀青交卷，上报中央。

毛主席要亲自编书，当然说明对农村合作化的高度重视，同时也表明"争论"在继续。

毛主席的意见是，要加快农业合作社的发展步伐，规模也可以大一些。刘少奇和中央农村工作部（简称农工部）部长邓子恢的意见是，要放慢步子，规模要小些，而且对现有的农业合作社加以整顿和规范。

1954年遭受严重水灾，粮食生产计划没有完成，但粮食收购却多购了100亿斤，不少地方出现粮荒。

这时，毛主席主张"减少征购数量，以便加快农业合作社步伐，增加粮食生产"。但邓子恢认为这是"农村合作社出了乱子，应该在合作社问题上向农民让步，发挥农民生产积极性，增加生产，解决粮食问题"。

显而易见，分歧不是在目标上，而是在解决问题的方法上。对于这些不同的意见，毛主席多次批评过，尤其是在1955年7月31日中央召集的省、市自治区党委书记会议上，毛主席作《关于农业合作化问题》的报告时，批评了"小脚女人"，而且把党内正常的意见分歧归结为方针路线之争，把认识上的不同看法提升到阶级立场的高度上来。

1955年9月14日，毛主席从北京来到北戴河，把编书的事情提上了日程。这部书的书名最初拟定为《怎样办农业合作社》。1956年1月公开出版时，书名确定为《中国农村的社会主义高潮》。毛主席编辑《中国农村的社会主义高潮》，为的是推动农业合作化运动。

9月下旬的北戴河，已是秋风萧瑟，有几许寒意。毛主席每天下海游泳，风雨无阻。

他自己说过："我用11天的工夫，关了门，看了120几篇报告、文章。先是请廖鲁言同志同农村工作部的同志他们看了一千几百篇，选了120几篇，然后我对120几篇搞了11天，包括改文章写按语在内。我就

△ 申纪兰劳模照

是周游列国，比孔夫子走得快，所有云南、新疆一概走到了。"

这次在北戴河，毛主席为 19 篇文章写了按语，其中就有西沟的《勤俭办社，建设山区》。

毛主席为《勤俭办社，建设山区》写下的按语是：

这里说的是李顺达领导的金星农林牧生产合作社。这个合作社办了三年，变成了一个包括二百八十三户的大社。这个社所在的地方是那样一个太行山上的穷地方，由于大家的努力，三年工夫，已经开始改变了面貌。劳动力的利用率，比抗日以前的个体劳动时期提高了百分之一百一十点六，比建社以前的互助组也提高了百分之七十四。合作社的公共积累已经由第一年的一百二十元，增加到了一万一千多元。一九五五年，社员每人平均收入粮食八百八十四斤，比抗日以前增加了百分之七十七，比建社以前增加了百分之二十五点一。这个社已经做了一个五年计划，实行三年的结果，生产总值已经达到五年计划的百分之一百点六。这个合作社的经验告诉我们，如果自然条件比较差的地方能够大量增产，为什么自然条件较好的地方不能够更加大量地增产呢？

在这个按语中，已经能看出毛主席要推动农业生产合作社由慢到快、由低向高发展那种急迫的心情。

毛主席亲笔为西沟的文章写按语，是西沟的莫大荣光。

1955 年 12 月 24 日，西沟成立了金星农林牧高级生产合作社。

社长是李顺达，副社长是申纪兰。

高级生产合作社，人们称之为"高级社"。在这之前的农业生产合作社被叫做"初级社"。

西沟的初级社最开始是 26 户，到 1952 年底扩大为 47 户，1953年秋后扩大到 203 户，1954 年秋后又扩大到 246 户，1955 年秋后达到 283 户。这就形成了西沟村现在的模样，东西长 15 里，南北宽 8 里，总面积 2.08 万亩，大小山头 332 个，7 条大沟，232 条毛沟，44 个自然庄，370 多户人家。

毫不夸张地说，西沟村之"大"，恐怕在长治市的农村并不多见。

西沟愿意办大社，尤其是打坝造地，最能体现"人多力量大"的好处。

申纪兰发动妇女在干河滩上打坝造地。一天，天降大雨，山水下泄，直冲大坝。人们有的扛门板，有的扛麻袋，跳进激流中堵水。

申纪兰带头跳进水里，时间一长，全身冷透了，嘴皮发紫，直打哆嗦。她旁边的汉们说："你快上去吧，这么冷的水，你是个妇女呀！"

申纪兰说："咬咬牙就过去了。山水才不管你是不是妇女哩。"

大坝的豁口堵上了，申纪兰回到家还是冷得浑身打颤，婆婆赶快给她冲了一碗烫葱水，喝下去才觉得身上发了热。

西沟金星高级社成立的两年多时间里，植树造林近 200 亩，修河滩地 180 多亩，发展果园 200 亩，大灾之年获得丰收，粮食平均亩产首次跃上 400 斤的台阶。为此，《山西日报》发表社论《受灾社向金星社看齐》。

两年后的 1958 年，人民公社竟像狂飙一般席卷了中国的农村。人民公社的前景被人们描绘得太诱人啦，西沟的劳模以极大的热情来追赶这个气壮山河的浪潮。

1958 年 8 月 19 日，西沟乡成立了"西沟金星人民公社"。李顺达为西沟公社主任，申纪兰为三个副主任之一。

中国农村原本薄弱的经济基础，正在承受着由于人们对社会主义的热情而急切、丰富而简单的想象所产生的巨大浪潮的冲击。这是场灾难。

劳模们没有意识到这是一场灾难，反而欢欣鼓舞，群情激奋。

申纪兰等全国著名劳动模范纷纷走上人民公社的领导岗位，只觉得责任更大了，担子更重了。

这年 10 月，山西省委第一书记陶鲁笳视察西沟。1957 年 4 月，华北局第一书记李雪峰视察西沟，并栽下一棵苹果树。1958 年秋，中央书记处候补书记胡乔木视察西沟，也栽下了一棵苹果树。

"大跃进"给西沟留下了太深的印记。

　　"全党全民大炼钢铁"，申纪兰带领妇女一马当先。她们在山岭上建了个土高炉，命名为"三八炉"。

　　第一炉没有炼出铁来，第二炉出了铁，但杂质太多。

　　她们到炼铁厂去学习，也想放个"卫星"。放"卫星"的日子天在下雨，申纪兰3天不离炉前。当炉口出现险情时，她不顾危险奋力封堵，晕倒在炉前。

　　这一炉出铁2000斤，西沟妇女获得卫星竞赛第一名，奖旗上写着"钢铁姑娘钢铁胆，钢铁卫星上了天"。

　　"百里滩变成米粮川"，这是平顺县在"大跃进"中的得意一笔。

　　全县组织力量，在沙底栈上游修筑一个水库大坝，拦蓄供水，修滩造地。

　　申纪兰带领妇女又苦战在大坝工地上。"三天三夜不回家"是她们记忆最深的事情。

　　申纪兰给我们回忆说："那是水库大坝要完工了，向'八一'献礼哩。当时确实很累、很困，一吹号叫歇歇，人是躺倒就睡。马俊召在躺的时候也没有好好瞧瞧地方，结果沾了一裤腿屎，起来动弹时还一股臭味儿。回家的时候，我家婆婆哭了，看着我瘦得不像个样儿。"

　　当时在河滩上种苹果树也是一件大事。

　　申纪兰与妇女们一道，在乱石滩挖坑种树。树坑要挖到一米见方，一个工挖两个坑。乱石滩全是鹅卵石，一镢下去，震得手生疼。当时挖树坑要分组，一个军属给申纪兰说，你要叫完成任务，咱就是一个组。

　　申纪兰领着这个组起早贪黑地苦干，有的人手被划破了，有的人脚被砸伤了。申纪兰鼓动大家说："流血又流汗，将来很美满。"

　　树坑挖好后，还要从远处运过土来，有的用独轮车推，有的拿箩头担。

　　申纪兰回忆说，当时是"两头见星星，黑夜点马灯，一天两送饭，填土挖大坑"。第二年春天，西沟300亩果园初具规模。

西沟也办起了公共食堂。开始办食堂，申纪兰一家一户去做工作，要大家把粮食交到食堂。她后来说，那时太"左"了，要乱哩。

申纪兰看到食堂的伙食差，亲自系上围裙去"帮厨"。她发动小学生挖回野菜，用野菜做馅，玉米面做皮儿，吃了顿包子。那天中午还煮了一锅汤。大家觉得像过节。

纪兰要求大家，上地时捎上一担肥，下工时带回一担菜。菜吃不完，晒干过冬。当时就有了一个顺口溜：

　　空手不上地，空手不回家。

　　抓肥又抓菜，生产叫呱呱。

当天下午，申纪兰担着肥料送到地里，中间休息时去挖野菜，下工回来将一担野菜担到食堂。

平顺县委在西沟召开大办食堂现场会，很认真地推广西沟改善伙食的经验。

西沟人、西沟的妇女们，在"大跃进"那个特殊的年代，确实付出了极大的热情和奋斗。她们不可能去怀疑"大跃进"的正确性，而是坚信这是一条金光大道。

1958年12月，申纪兰赴京参加全国妇女建设社会主义积极分子代表会议。

申纪兰还穿着参加一届全国人大会议的那件小花上衣，胸前别满了奖章，较为特别的是，白底小花衬衣的领子翻在外边，显得时髦了许多。

申纪兰在会议期间，与其他6位女社长一起，受到周恩来总理的邀请，做客西花厅。申纪兰记得 6 位女社长中有安徽省的陈素珍、陕西省的张秋香。

申纪兰向总理汇报了西沟绿化荒山的情况。周总理高兴地说："应该多植树。多植树能保持水土，多打粮食，改良气候。"

周总理接着问："你们大炼钢铁了没有？"

申纪兰回答："炼了。"

"是不是砸了锅去炼铁啦？"

申纪兰答："也砸了。"

周总理听了，剑眉微锁，脸色凝重起来，说："这不好，要纠正。纪兰啊，回去要多植树，绿化荒山，种好地，多打粮食。"

申纪兰说："总理请放心，我们西沟一定要把荒山绿化了。"

周总理的脸色又放开了，说："那就好，那就好。"

这次在西花厅，留下了一幅珍贵的照片。周总理身着庄严的中山装，表情上依然有几分凝重。申纪兰的小花衣服比较时尚，其他 6 位女社长一色的大襟衣服。

这一时期，申纪兰的故事不仅在国内流传，而且引起了国际友好人士的注目。

越南共产党主席胡志明接见了她。

朝鲜劳动党主席金日成接见了她。

美国著名记者安娜路易斯·斯特朗采访了她。

苏联女英雄卓娅的母亲给她写来热情洋溢的信，称赞她是卓娅一样的女英雄。

历史把一个山区的劳动妇女推上了一个新高度。

1959 年 4 月 18 日至 28 日，第二届全国人大一次会议在北京举行。李顺达、申纪兰当选为全国人大代表参加了会议。

1960 年，全国林业现场会在西沟召开。这对西沟数年来植树造林工作是个肯定和表彰。

1961年4月，农业部长廖鲁言视察西沟。时过不久，10月，毛主席的秘书田家英来到西沟调查。这肯定对西沟也是个鼓舞和激励。

1962年春，西沟恢复了社员的自留地，解散了公共食堂。

"大跃进"使中国的农业走了一个"马鞍型"，这几年正是中国最困难的"三年灾害"时期。

"三年灾害"给人们的教训是什么？农村该如何发展？这又是一番争论。这番争论的焦点是：农村可不可以实行"包产到户"呢？

安徽等地有过"包产到户"的做法，很有成效，而且得到了不少领导的认可和支持，但是，毛主席不同意。毛主席认为，把"户"与"产量"挂钩，就使得个体经济成了农村经济的主体，就是在走资本主义的道路，所以不能实行"包产到户"。

当时毛主席听到的都是农村形势很严峻，必须要"包产到户"的声音，他很需要一个坚持集体经济而改变困难的农村典型来证明反对"包产到户"的正确性。

这时候，恰恰有一个农村声名鹊起，正是他所需要的典型。这个村就是山西省昔阳县的大寨村。

于是，农业学大寨，就走上了中国农村发展的大舞台。

有人说，中国农村集体化的典型总是出在山西，公社化以前是平顺县的西沟，以后是昔阳县的大寨。

1964年12月，李顺达、申纪兰作为第三届全国人大代表，出席了全国第三届人民代表大会第一次会议。

在这次会议上，周恩来总理在《政府工作报告》

中用了一大段文字来肯定和表扬大寨。

申纪兰的第一感觉，就是要认认真真地"农业学大寨"。在学大寨中，西沟可不能落后。

西沟学大寨是全国最早的生产大队之一。西沟学大寨，是从自身的需要出发，取长补短。大寨粮食亩产达到700多斤，西沟的粮食亩产在450斤左右徘徊了8年之久，显然是个短处。西沟学大寨的初衷和目的只有一个，那就是增产。

1963年3月24日下午，西沟大队开会，决心要集中力量办几件大事。一是修垫河滩地的面积要扩大，二是修整500亩山岭低产田，三是大力发展养猪，做到户均一头猪。扩大河滩地面积是在总产上做文章，修整低产田是在单产上下功夫，发展养猪是解决肥料问题。

西沟的这一举动，引起媒体的注意，《人民日报》4月13日以"不满足已有成绩，虚心地取长补短"为题加以报道。

集体要办一个猪场，由申纪兰负责。那时候养猪是很辛苦的事，又脏又臭，远不像现在的舍饲圈养，干净整洁。

申纪兰不仅要想办法让猪吃饱喝好，而且还必须定时出圈垫圈。出圈垫圈是个重体力劳动，又脏又臭、又苦又累，没人愿意干。

申纪兰把出圈垫圈的活儿包在了自己身上。她不怕脏不怕臭，一锨一锨向圈外出着猪粪，额头上的汗珠儿也顾不得擦。

她后来给我们说过："我最高上过天安门，最低下坑掏茅粪。"

申纪兰是要把养猪当做个事业来做。她的儿子张江平曾记得，小时候挨打都是在猪圈。

要过年了，猪场的人放了假，唯有申纪兰留在猪场。小江平来找她："过年哩，奶奶叫你回哩。"

她摸摸孩子的头说："我不能回。小猪叫狼吃了哩？"

西沟人学大寨硬是要按照大寨的"深翻、深种、深刨"的经验去做。初冬"深翻"土地时，"两头见星星，一天两送饭"，不少人

△ 申纪兰在喂猪

把镢把都整折了。春季"深种"，又是"一天两送饭，两头见星星"，突击了10天完成了"深种"。庄稼长高了，中锄时还是学大寨的"深刨"。

1964年秋后算账，粮食亩产达到601斤，每亩增产160斤。这可以说是西沟很多年来一个罕见的丰收年。

申纪兰说，西沟学大寨学对了，早点儿学，不吃亏。

1965年1月7日，《山西日报》发表社论《像李顺达申纪兰那样学大寨赶先进》。

1965年暮春，国务院副总理薄一波到西沟视察。这一时期，农村又开展了"四清"运动，人们又把阶级斗争提了出来，政治气氛开始逐步紧张。

薄一波希望西沟能尽快达到人均收入 100
元、千斤粮、一亩林。李顺达、申纪兰都表示一
定向这个方向努力。

　　可是他们谁也没有想到，第二年，1966 年，"十
年动乱"开始了。

➜ 不离西沟

★★★★★

　　"文化大革命"，是中国历史上一个永远的痛。

　　1966 年 5 月 5 日，《山西日报》发表了署名
为李顺达和申纪兰的批判文章：《吴晗是不拿枪
的敌人》、《吴晗同反动派一个鼻孔出气》。

　　5 月 21 日，《山西日报》又发表了李顺达和
申纪兰联合署名的批判文章：《阶级斗争永不忘，
捣毁黑店闹革命》。

　　吴晗是干什么的？李顺达和申纪兰都不清
楚，而且文章也不是他们写的，他们还没有那个
文化程度。但是，弄不清也要批判，因为文化大
革命来了，劳模要跟着毛主席继续革命。

　　李顺达、申纪兰在报上发表几篇署名的批
判文章，但他们的心事还是在学大寨上，因为学
大寨能多打粮食。这年秋冬，西沟在南赛小坡底

打了一条100多米长的大坝，在干河滩打坝造地40多亩，算是个"抓革命，促生产"的成果。

西沟的那年冬天很冷，早早的就墩了几场大雪，一场比一场大，房檐上吊挂着长长的冰凌柱，很长时间也化不了。

申纪兰在"大批判"时也受到了冲击，有人说她的家庭成分有问题，要让她上会挨批斗。

李顺达知道后在会上说，纪兰是全国劳模，有什么问题?!

"造反派"一看李顺达的态度强硬，才不敢再动申纪兰。

这时的李顺达正是"响当当的造反派"，1967年1月，省、地、县"造反派"夺权，李顺达都是积极参加。他虽然不可能是主力，但也为"造反派"壮了壮声威。

既是全国劳模，又是造反派战士，李顺达自然就成为风云人物。平顺县成立革命委员会，他当选为主任；晋东南地委成立革命委员会，他又当选为副主任和核心小组副组长；山西省成立革命委员会，他当选为委员。西沟人说起来很自豪："老李当官了!"

又是造反，又是夺权，这么一搞，社会的秩序就全乱了。今天还是"革命的动力"，明天就成了"革命的对象"。李顺达就被大字报炮轰为"黑劳模"、"农贼"，还被对立的造反派组织武装劫持过，头上挨了一手榴弹，差点要了命。

在"文化大革命"的疾风暴雨中，刘少奇被打倒了，后来冤死了；邓小平也被打倒了，后来有了"三落三起"的奇迹。

党的"九大"召开了，"全国山河一片红"。李顺达在"九大"上成为中央委员，不久上任为晋东南地委的"一把手"。

李顺达去当官了，申纪兰在干什么?

申纪兰在劳动，踏踏实实地在西沟劳动。申纪兰没有想去当什么官，只是一心想当好自己的劳模。她说："劳模就是要劳动。不劳动，还叫个甚劳模?"

1971年，申纪兰被任命为平顺县委副书记。她觉得这个副书记好当，本乡本土，不耽误劳动。

初冬，申纪兰和社员们一起推土垫地。下坡时，申纪兰滑倒了，车辕戳在了她的腰上，顿时疼得鬓角就见了汗。大家把她扶起来问："弄着哪儿了？"

她摁着腰说："戳了腰一下。"

"那你去歇歇，缓缓劲儿。"

申纪兰没有再说什么，只是把两条毛巾接起来，在腰间紧紧一勒，就又推起了车。她觉得劳模就应该是轻伤不下火线。

6月的一天，纪兰正在地里干活儿，突然间乌云卷来，电闪雷鸣。她一看天气不对，边跑边大声地喊："都快去抢收麦子呀！"

她跑到麦地时，山洪已经下来。她不顾一切，赶紧往回搂小麦。社员们纷纷闻讯赶来，下水抢收，终于保住了麦子。

又一年冬，天很冷，申纪兰带着妇女们"里切外垫"。申纪兰在攉土时，一大堆土塌下来，压住了她的腿。一个叫牛五妞的妇女赶快过来刨开土，把纪兰拖出来，忙问："疼不疼啊嫂？"

"不疼。"申纪兰答。

牛五妞又捏了捏申纪兰的脚，申纪兰不由地"哎哟"了一声。

"怎了嫂，崴了？"牛五妞问。

"没崴，是冻了。"

"那怎弄啊？"

"悄悄吧，挡不住动弹。"申纪兰说完，站起来，又抢起镢去攉土。牛五妞心想，当劳模不容易哩，这是不说吧，还能不疼？

这年垫地干了一个冬天，直到下了大雪，才收了工。

一个叫侯爱景的姑娘记得，她和申纪兰一起在三岔口垒岸搬石头，而且就住在申纪兰家。侯爱景看到申纪兰总是拣大块的搬，把石头贴在身上，不怕累也不怕脏。

男人们说申纪兰："惜点力吧，你怎也是个妇女家。"

申纪兰说："不怕甚，我能行。"

侯爱景与申纪兰一起搬了几天石头，对这位老劳模的劳动真正是服了气。

申纪兰劳动不怕累，并不是她不累。她回到家里也是一头就躺到炕上，歇歇腰腿。不管她回家多晚，婆婆总是会给她端来热乎乎的捞饭和萝卜条子汤，有干有稀，很是熨帖。婆媳的和谐，给侯爱景留下了很深的记忆。

侯爱景后来担任了西沟妇女主任，直到 2003 年。她回忆起当年和申纪兰在一起劳动的情景时说："申纪兰要说劳动确实很能出力气。唉，看看现在人家的挖掘机、推土机，想想那时候受得就不是个罪。"

时代不同了，我们完全理解侯爱景的感叹。即使是在那样艰苦的条件下，申纪兰也愿意在西沟劳动，而不想离开西沟去当什么官。她说："我是农村的妇女劳模，根，就扎在地里，说什么也不能离了土。"

但是，1973 年，山西省委的一纸通知，让她为难了。山西省委要申纪兰去太原参加山西省妇联筹备会，并出任省妇联主任。

到底是走还是不走? 申纪兰犹豫了。

"李顺达能出外工作，你为什么不能? "有人这样对她说，叫她很动心。

"你在农村，是个好劳模。你去当妇联的领导，恐怕不是个好领导。你的根在土里，离了土，接不住地气，就拉倒了。"有人这样对她说，叫她很清醒。

不劳动还叫个
甚劳模

申纪兰经过认真、反复的考虑，想通了一个理："组织的安排，不能不去，自己要听党的话。但有个底线，那就是不离开西沟，不脱离劳动。"申纪兰打着这个主意走马上任了。

两个月后，西沟团委书记张章存去太原出席共青团山西省第六届代表大会，专门去看望了申纪兰。

张章存在迎泽宾馆一见到申纪兰，有些吃惊。他看到她的脸也肿了，手也肿了。他忙问："怎？病了？"

这一问，申纪兰掉泪了。她说："没怎，是不习惯呗。咱天天是下地劳动哩，弄不了这。"

张章存在太原开了一个星期会，差不多要天天去看申纪兰。当然，他也去看望了住在迎泽宾馆的李顺达。

李顺达在山西省第三届党代会上当选为中共山西省委常委，住进了迎泽宾馆6楼。吃饭时，李顺达叫张章存一起吃，还特意要了一盘红烧肉。"吃饱，这都是你的。"李顺达对张章存说。

张章存开完会，去向申纪兰辞行："你往家捎甚不捎？我开完会了，要回了。"

"我甚也不捎。"申纪兰问："你多会儿走哩？"

"下午。坐飞机哩。飞机票都买好了。"

"中午就在我这儿吧，说说话，歇歇。罢了，我去送你。"

中午，两人说了说话。下午2点，申纪兰把张章存送到了机场。

两人在机场的商场里转。"你要甚哩？"申纪兰问张章存。张章存说："我甚也不要。"

两人看到50支铁筒装的"中华"烟，"咱买个这吧，村上人稀罕，叫他们也都吸吸。"申纪兰说。张章存说："行，咱俩各出一半钱。"

谁知他们一问服务员，还不能买，因为中华烟只供外宾。两人只好买了一条"恒大"。

张章存回到西沟，不担心李顺达，很担心申纪兰。他看到李顺达

△ 申纪兰为省妇联主任

在太原很高兴，申纪兰在太原很受罪。

张章存专门去了趟申纪兰家，对她的婆婆说："我去太原开会，见着纪兰了。"

婆婆问："纪兰在那儿怎说？受罪不受？天可是一天比一天要凉哩，走那会儿也没多穿个衣裳。"

张章存说："不怕甚，纪兰又不是个小孩，还懂不得这？放心吧，她该弄甚就要弄甚哩，不用操心。"

张章存走出大门外，婆婆还问："纪兰多会儿回来哩？这走了有俩仨月了啊。"

"快了，开完会就回来了。"张章存说完大步走了，不能再回头看那泪眼涟涟的婆婆。

4个月后，申纪兰回到了西沟。

山西妇女代表大会上，申纪兰当选为省妇联主任。

当时，省委给申纪兰准备了一套住房，申纪兰没有要，只是在办公室里放了一张床。她说："谁没有住房谁要，我要回西沟哩，这儿有个办公室就够住了。"

她和省委有四项约定：不领工资，不转户口，不定级别，不坐专车。她说："我的户口在西沟，我的级别是农民。"

申纪兰向省委提出，妇联的日常工作由一位副主任主持，自己还是要回西沟劳动。

她说："我向周总理保证过，要把西沟的荒山都绿化了。离开西沟，我还怎么绿化荒山？"

她说："我说甚也不能离了土，我是那长在地里的庄稼，离了土就活不成了。"

她说："我天生就不是坐办公室那号人，非要叫我坐不行，把我也弄病了，把工作也弄塌了。"

省委同意了申纪兰的要求。申纪兰又回到了西沟，继续"抓革命，促生产"，"农业学大寨"。这次，申纪兰在太原住了4个月，每月补助费50元。

从此后，西沟人知道了：纪兰走了，那是要开会；纪兰回来了，那是会开完了。

省妇联的同志们都知道，申主任到省妇联来开会或者工作，从不指手画脚，而是一大早就打扫楼道，拿拖布拖地。有人说她："申主任，你怎么能干这？"她回答说："动弹惯了。"

妇联机关的小宋，丈夫刚从内蒙调回太原，孩子小，又没地方住，很作难。申纪兰知道这个情况后，对她说："小宋，你们先住到我的办公室吧，反正我也不常来，空着也是空着的。"说完，申纪兰掏出了钥匙。

三十多年过后，2008年3月，小宋的爱人说起这件事仍然还很激动。他说："我们当时确实很困难，可我们再困难，再不懂规矩，也不敢接这把钥匙啊。但是，我们心里是热乎乎的，非常感谢申主任对我们的关照，多年后还经常记起。"

说这话的，是《人民日报》副总编、著名作家梁衡。

梁衡还说："我想到爱因斯坦对居里夫人的一个评价。爱因斯坦说过，世界上著名的科学家当中，唯一没有被宠坏的就是居里夫人。咱们这么多当官的，这么多人大代表，没有被荣誉宠坏的，申纪兰就是一个很少的典型。他是省妇联主任了，但还是在西沟劳动。不脱离基层，不脱离劳动，这是申纪兰最可贵的。"

纪兰回到西沟，和当年从丹麦出国回来一样，上午到家，下午就下地劳动，该垒坝垒坝，该垫地垫地，仍然是那样下力气。

有人说，纪兰就不会当个官。

申纪兰说，咱是个种地的，不会当官不丢人，能当个好劳模就行。

有人说，有权不用，过期就作废了。

申纪兰说，我瞧着西沟的这些树，心劲儿就可大哩。

她没有把自己摆在一个什么省厅级领导的位置，西沟人也觉得她还是西沟的那个纪兰，一切都很平稳，一切都很正常。如此，长达 10 年。

申纪兰"不领工资，不转户口，不定级别，不坐专车"的"四不约定"是件轻而易举的事吗？显然不是，这是她牺牲了个人和家庭的巨大利益而做出的选择。

这样说还是过于简单，现在的人们未必能理解，我们有必要再作一点解读和诠释。

申纪兰出任省妇联主任，至少有两层含义是确定的，一是劳模成了领导；二是她的"农村户口"可以转为"城镇户口"。不夸张地说，这其中的任意一条，只要申纪兰认同了，都足以改变她的未来。

劳模当领导，在当时成了风。那个年代里，有很多劳模不劳动了，有的踩上了中南海的地毯，有的在地方坐了把交椅。

申纪兰也有了一个领导的位置，但她清醒地认识到"我天生就不是坐办公室那号人"，仍然把自己定位是"劳模"，而且坚持在西沟劳动。这就很不容易，没有相当的定力，是很难做到的。

人贵有自知之明。劳模中有很多人在历史的舞台上匆匆登场，折腾了没几下又黯然下台，虽不说是身败名裂，但也是走了很大的弯路。这其中有社会的原因，恐怕也和自己缺少自知之明和拒绝诱惑的定力有关。

申纪兰的"四不约定"中，"不转户口"是核心，也是需要她付出代价的。

中国在一个很长的时期内，"农村户口"与"城市户口"之间有着很大的差别。有了"城市户口"，就有了"购粮本"、"副食本"，就可以去排队买东西。虽然那时的供应也很可怜，每月只有28斤粮，细粮只占30%，逢年过节才有点粉条和烟酒，但这也足以让农村的人们羡慕。问题还不止于此，更叫农村人羡慕的是，有"城市户口"的，就能在企事业单位上班，而且有了子女也会是"城市户口"。

于是，农村的人想自己或者是儿女离开农村，弄一个"城市户口"，就是一个梦想。上学、参军、当干部，一个最基本的愿望，就是跳出农村，去吃一碗"公家饭"。没有机会不说，只要有一个能离开农村的机会，那人们一定是千方百计、机关算尽，拼死拼活地去争、去抢，什么手段都会使得出。这是二元经济惹的祸，不能怪人们的眼皮子薄。

申纪兰有了离开农村的机会，不用争不用抢，只要她愿意，10年中她的"农村户口"可以随时转成"城市户口"。但是，她甘愿不要这个机会，坚持不转户口。

我们说申纪兰"坚持不转户口"，不是单指她当了领导的这次机会。还有其他的机会，她也是不同意转户口。

1961年，申纪兰的丈夫张海良晋升为营职干部，她可以"随军"了。但她不走。她对海良说："我在家当我的劳模，你在部队好好干，不都好好的？我跟你去部队干什么？当个家属，我是个好家属，可就当不成人大代表了。再说，家里老人也离不开人，我瞧这回就不要去了吧。"张海良理解申纪兰，没有勉强。

后来，张海良转业到地方工作，申纪兰又有了转户口的机会。这次是张海良亲自来办申纪兰的户口。申纪兰从北京开会回来，得知正在办理户口，立刻把户口追回来，还和张海良生了一场气。

她后来对张海良解释说："你在外头这么多年不容易，我在家这么多年就容易了？劳模就那样好当？咱不是图名，就是要当个好劳模。我一辈子也就弄个这了，你要支持我一直这样在农村干下去，直到不行了拉倒。这回要把户口迁走了，那还怎样当劳模？"

张海良说："你不迁户口，孩儿们以后的事也不好办。"

"这个我知道，可我还是不能迁。劳模的孩儿们在家种地，也不是什么丢人的事。再说，还有你哩，你往外拉拽他们吧。以后在孩儿们跟前落下什么不是，怨我就对了。谁叫他娘当劳模来？"申纪兰话到这里，眼里掉了泪。

张海良也不再说什么，知道说什么也不管用。

申纪兰坚持不转户口，是要把根留在农村、留在西沟。从另一个角度看，她是为了不脱离农村，不脱离劳动，保持劳模的本色，承担自己的责任，做出了常人难以承受的牺牲。

1975年1月13日，农历刚进腊月，申纪兰和李顺达一起去北京参加了第四届全国人民代表大会第一次会议。

这是"文化大革命"以来的第一次全国人民代表大会，很是来之不易。在四届人大一次会议上，周总理作了《政府工作报告》，提出了实现"四个现代化"的宏伟目标。

在这次会议上，李顺达当选为全国人大常委会委员。申纪兰还想在会上见到毛主席，还想和他老人家握握手，但是，这已经是不可能的了。

1976年10月，以粉碎"四人帮"为标志，长达10年的"文化大革命"终告结束。

1978年2月，西沟只有申纪兰一个人作为全国人大代表出席了第五届全国人民代表大会第一次会议。

1979年，申纪兰再次被国务院命名为全国劳动模范。这年，她50岁。

50岁的妇女还是全国劳模，文化大革命的10年风雨后还是全国劳模，在中南海，薄一波握住申纪兰的手说："纪兰，你还是劳动模范，不简单啊！"

薄一波的一句"不简单"，说得申纪兰热泪盈眶。

豁出命也要走在前头

→ 二次创业

★★★★★

中国，以中国共产党十一届三中全会为标志，实现了历史的大转折，走进了一个改革开放的新时代。

改革，首先从农村开始。农村的改革，是实行家庭联产承包责任制。说白了，最开始就是要实行"包产到户"。

一碰到"包产到户"，就绝对是碰到了是走社会主义道路还是走资本主义道路的姓"社"姓"资"的死结上。

1979 年 3 月 12 日，在全国农村工作座谈会上，围绕着"包产到户"展开了激烈的争论。安徽省的代表提出要在农村实行"大包干"，多数人反对包产到户，认为这就是分田单干。几天的会议，代表们争论不休，分歧依然。

这不禁让人想起了"小白楼会议"。当年要搞合作社，人们争论得一塌糊涂；现在要包产到户，又是吵闹得不可开交。看来，道路的选择是不可能没有争论的。

1980 年 1 月 11 日至 2 月 2 日，在全国农村人民公社经营管理会议上，广大代表对包产到户是姓"社"还是姓"资"的问题再次展开了激烈的争论。有人提出，如果包产到户，这不是辛辛苦苦30年，一夜回到解放前了吗？

在农村改革的紧要关头，邓小平讲话了。1980年5月31日，他在一次谈话中指出："安徽肥西县绝大多数生产队搞了包产到户，增产幅度很大，'凤阳花鼓'中唱的那个凤阳县，绝大多数生产队搞了大包干，也是一年翻身，改变面貌。有的同志担心，这样搞会不会影响集体经济。我看这种担心是不必要的。"

有了小平的谈话精神，争论逐渐平息下来，家庭联产承包责任制的推广速度也随之加快。9月27日，中央印发《关于进一步加强和完善生产责任制的几个问题（各省、市、自治区党委第一书记座谈会纪要）》，明确指出：边远山区和贫困地区"可以包产到户，也可以包干到户，并在一个较长的时间内保持稳定"。"在生产队领导下的包产到户是依存社会主义经济，而不会脱离社会主义轨道的，没有什么复辟资本主义的危险，因而并不可怕。"这是中央以文件的形式第一次肯定了包产到户。

1982年1月1日，中共中央印发一号文件，批转《全国农村工作会议纪要》，进一步肯定包产（干）到户"都是社会主义集体经济的生产责任制。不论采取什么形式，只要是群众不要求改变，就不要变动"。

农村改革的死结，在上下的一致努力下，终于被解开了。然而，西沟却陷入深深的苦恼中。西沟是毛主席肯定的中国农村走集体化道路的代表，如今面对包产到户，真是有些转不过弯来。

马俊召一听说要"包产到户"，眼泪都下来了。她说："那时候为了入社，和家里人都翻了脸。集体就可好，劳动也光荣，也能挣上工分。这要分了地，还去哪儿喂牲口？还去哪儿挣工分？"

这时候，申纪兰在感情上也很难接受"包产到户"，这不是对西沟几十年奋斗的否定吗？自己因为在集体劳动中才"显出来"，成为全国劳模、人大代表的，如果"包产到户"，这劳模还怎么当？

这一切对申纪兰无疑是个痛苦的思考，她为此还掉过眼泪。但她有个底线，那就是听党的话没有错。党号召农村要改革，那就一定是农村的情况需要改革。自己不理解，感情不接受，那也不能耽误了生产，耽误了劳动。

1982 年冬，平顺县在西沟召开全县干部大会，介绍下放经验，推动家庭联产。县领导在会上说，早放早进步，迟放迟进步，不放就落后。

西沟的全体党员参加了这次会议。散会后，县委又专门留下西沟的党员开会。县委书记张志刚说："咱都是党员，也都参加了这个会，你们说说，咱西沟怎办哩？"

大家互相看看，没人吭气。张志刚书记说："西沟是老先进，这回还能落了后？中央有了一号文件，咱就按文件办。申主任你说对不对？"

申纪兰说："听党的话，按中央文件说的办，不会有错。"

1983 年春，西沟土地下放到户，落实了家庭联产承包责任制。

1983 年 6 月 6 日至 21 日，第六届全国人大代表大会第一次会议在北京举行。这是按照新宪法选举产生的首届全国人民代表大会。2978 名代表中，有 76.5% 是新选的代表。申纪兰再次当选为全国人大代表，出席了这次会议。

她发现当年一起当代表的劳模不多了，有的已魂归热土，有的仅是昙花一现，有的还跳槽做了官。

这一年，申纪兰也不再担任省妇联主任的职务，要求继续在西沟工作和劳动。

这又是申纪兰一个重要的选择。在新的形势下，劳模担任领导已不合时宜，省委的意见是，申纪兰可以退居二线当调研员，或者是办了离退休手续继续发挥余热，由她自己选择。值得一说的是，她选择的是要回西沟劳动。

申纪兰在转折关头找准了自己的正确位置，找准了自我的价值坐标。一个人能做到这一点很难，一个人能拒绝很多诱惑坚持做到这一点就更难。

一天，曾经在平顺县担任县委书记的李琳，专程从太原来西沟看望申纪兰，担心她卸任后会有失落感。

李琳对西沟、对平顺有着特殊的感情。值得他自豪的是，毛主席在《中国农村的社会主义高潮》中，对他的文章《平顺县的全面规划》写了按语："这篇文章值得一看，可以作每个县委领导合作化运动、生产运动以及其他工作的参考。这样的县规划和全面地叙述各方面情况的文章，我们希望每省都有几篇。"

他调离了平顺，但在"文化大革命"中是山西省第一个被批斗的县委书记。尽管如此，他的心里总装着西沟。他听说申纪兰回了西沟，有些放心不下，于是想来为她排解排解。

申纪兰不在家，也不在大队部，而是在地里担圊肥。他找到地里，和申纪兰握手。申纪兰哭了。她说："李书记啊，你了解我，我是太阳底下晒的人，不是那办公室里坐的人。"

"回来好，回来好。"

"李书记啊，不是西沟离不开我，是我离不开西沟啊。"申纪兰的一句话，把李琳说得动了感情，眼里也有了泪。

申纪兰回来了，或者说她就没有离开过，但她在完成着自己的蜕变。她会以自己的理解、信念、追求，去实践她对共和国的承诺，去担当她心中的责任。

申纪兰回到西沟，担任党总支副书记。同时，她还出任长治市人大常委会副主任。人们称呼她为"申主任"。这没有生分的意思,只是比叫"老申"显得尊重。

1984 年,由于家庭联产承包责任制的落实,再加上老天长眼,全国实现了粮食生产大面积丰收。

家庭联产承包责任制的实施,其本质意义是在解放思想的前提下解放了土地,极大地调动了农民的生产积极性。解放了土地,也就解放了农民。农民一从土地上解放出来,就很快产生了意想不到的效果,那就是乡镇企业的异军突起。

乡镇企业异军突起,很快扭转了市场商品短缺的状况,使城乡人民感到了农村改革带来的实惠。同时,乡镇企业的兴起,也使农民的思想在一个新的层面上得以新的解放。人们的生活也因此发生了巨大的变化,"万元户"开始浮出水面。

"无农不稳,无工不富,无商不活"的思想春风,从江南吹进了太行山。1984 年,西沟组建经济合作社,由申纪兰任社长。

这和三十多年前的农业生产合作社自然不同,其主要职能是为农民生产提供产前、产中、产后服务,收集致富信息,开辟生产项目。

1984 年,她带着村干部走出了大山,要去学习和考察,为西沟选项目办企业。西沟创办村办企业,是西沟发展中的二次创业。

她们先去河南七里营的刘庄,再去天津静海县的大邱庄。所以要去这两个地方,是因为在前不久的全国劳模座谈会上,申纪兰和刘庄的史来贺、大邱庄的禹作敏见过面。

史来贺是和申纪兰同时代的全国著名劳动模范,在 70 年代初,以畜牧业为突破口,以造纸、机械、食品等企业起家,发展制药业,10 年的发展,已成为著名的"中原第一小康村"。

大邱庄是后起之秀,前些年也是"学大寨,穷当当",土地解放后,先后办起了带钢、制管、印刷、电器等几个企业,很快成为"中华第一亿元村"。大邱庄党委书记禹作敏,被评为全国劳动模范。

申纪兰在会上介绍了西沟人绿化山区的奋斗和成绩。不过，她在会上也说，西沟没个企业不行。史来贺、禹作敏在会下都说可以帮助西沟选个项目。这样，就有了这次学习和考察的动作。

申纪兰一行来到了刘庄。史来贺陪着他们参观了造纸、食品等几个企业。史来贺说："纪兰大姐，你看看有什么项目西沟能干？"

"你们搞得都很不赖。造纸，我们那儿不行。我想弄个大点儿的项目，西沟有万把亩森林哩。"

"我们这儿有成套的纤维板机，回去生产纤维板也行。"史来贺说。申纪兰对这个项目感了兴趣，说："回去试试。"

她们返回新乡市要住一宿，旅馆登记时，服务员问："你是申纪兰？"申纪兰答："是，我是申纪兰。"

"你是全国劳模吧？"

"噢，你认得我？"

服务员去把经理叫来，说："这就是全国劳模申纪兰。"

经理握住申主任的手说："我是听您的故事长大的，没想到在这儿能见到您，这是我小旅馆的福气。不管多少人，一律免费吃住，中不中？"

申纪兰说："这说叫个甚？我们该出钱出钱，住店能不出钱？"

经理说："这不中，您这是瞧不起我。"

"咱该怎是怎。你也不容易。"申纪兰说。

"有您这句话，我就算招待了。"

申纪兰多少年后给我们回忆起这个情节，依然很激动。她说："没想到去了新乡个小旅馆，还有人知道咱。"

我们问："是哪个旅馆？"

她说："记不得了。"

"经理叫个甚？"我们又问。

她说："只顾说话哩，就没顾上问。"

这是去刘庄考察途中的一个小插曲。从刘庄回来，西沟把"纤维板"项目带到太原省林科院去咨询。林科院派人到西沟进行了考察，结论是这个项目不适合西沟：一是西沟缺水，二是原料供应也有问题。林科院的人说，西沟的林子根本不够"纤维板"吃。于是，只好放弃这个项目。

秋后，西沟人去大邱庄考察。大邱庄很气派，豪华的办公楼，新建的小别墅。

禹作敏接待了申纪兰一行，谈到项目时说："我们是重型工业结构，给你们个什么项目吧，不一定适合你们干。我看，还不如给点钱。大寨的郭凤莲来了，给了她50万（元）。纪兰大姐来了，给70万（元）怎么样？"

申纪兰说："我们是来找项目，不是来要钱的。西沟发展还是要靠艰苦奋斗，自力更生。"

项目没有谈成，钱也没有要，大邱庄之行结束了。

西沟人打道回府，但并不是没有收获。乡镇企业的快速发展，乡镇企业对农村经济的拉动，使他们大开眼界，也更坚定了西沟要办企业的决心。

乡镇企业总要有自己的优势，比如资源、技术、人才、资金、交通、地理、市场、劳力等等。长治乡镇企业的起步，首先表现在小煤矿上，是因为有资源优势，地下"有挖的"。

西沟有什么优势？平顺有什么优势？数来数去，以上应有的优势恐怕都没有。有的就是劳模的作用和人们的决心。这是优势吗？是的。

△ 申纪兰创办合金厂

人称"软件"和"品牌"优势。

1984年，申纪兰在省里开劳模会时，与冶金部一位工程师见了面，说起了西沟办企业的事。工程师建议上一个硅铁厂。他说这个项目周期短，见效快，工艺简单，适合西沟干。他说只要把炉建起来，可以生产硅铁，也可以生产单晶硅、硅钙合金、硅铝合金等产品，换换原料就行；就像咱家炒菜，有了铛子，能炒肉，也能炒豆腐。

申纪兰对这个项目有了兴趣，西沟决定要上个铁合金厂。1985年3月，申纪兰要去北京参加全国六届人大三次会议，就带着铁合金厂项目的请示报告，到太原找到分管农业的省委副书记王庭栋。王书记热情地问："纪兰，你有什么事？"

"西沟想办个企业。"申纪兰说。

"好说。"王书记接过报告看了看,随即签给了省计委农业处,对申纪兰说:"你让人去找他们就行了。"

9月,省计委批文下来,投资指标也到了县财政,西沟铁合金厂1800KVA一号炉正式开工建设。

申纪兰一心扑在项目的建设上。建炉需要工字钢,申纪兰就去太原钢铁公司进行协调。"太钢"党委书记王景生曾任长治市委书记,很痛快地满足了西沟的要求。

铁合金厂需要钢材边角料,申纪兰就到建在潞城县的山西化肥厂联系。"山化"的领导一听是老劳模来了,立即大开绿灯,并要请申主任吃个饭,在宾馆午休一下,下午装车返回。

谁知申纪兰却一口回绝说:"我还有事情要办,下午一上班能装车就行了,其他的就不用了。"

"山化"的领导不知申主任有何公务,没敢强留。其实,申纪兰没有什么公务,只是不想给"山化"的领导找麻烦而已。中午,她吃了点自己带的干粮,就坐在一棵大树的荫凉下,一直等到下午"山化"上了班。

下午装车,装车的要收50元装车费。申纪兰说:"我们自己装,这个钱就省下了。"说完,她一挽袖子,亲自干起来。

与她一起来"山化"的还有一位村委的干部叫周德松。周德松说:"那天中午吃得又不壮,下午又装车,可是受蒙了。"

1987年11月8日,西沟的一号炉点火。就在前一天,申纪兰和大家一起背着几十斤重的电极弧装炉,从下午一直干到半夜。

8日下午,西沟的第一炉硅铁出炉了。

红红的炉火,讲述着西沟人的一个突变,一个跨越。

1988年3月25日至4月13日,申纪兰出席了第七届全国人大一次会议。这次会议的代表2970人,其中71%是新当选的代表。

当申纪兰再次走进人民大会堂的神圣殿堂时,有着一种自豪。她说："我要不是坚持在农村、坚持劳动，恐怕就当不成这个代表了。能当一届代表就不容易哩，我已经坚持了七届了。"

申纪兰能再次当选代表，是很有代表意义的。她没有想到，她的不脱离农村、不脱离群众、不脱离劳动，将会使她成为全国人大代表中的"凤毛麟角"。

→ 太行英雄

★★★★★

1989 年，申纪兰被命名为山西省特级劳动模范。这年，她 60 岁。

1992 年 3 月 3 日，中共长治市委在潞州剧院隆重集会，授予申纪兰"太行英雄"的光荣称号。

申纪兰身披绶带，胸戴红花，在授奖大会上说："我是个山沟沟里的普通妇女，要不是有了共产党，我怎么能当全国劳模、人大代表? 怎么会去北京见毛主席、周总理? 我只是做了一点自己应该做的工作。我做得太少了，可党和人民给我的太多了。要是说做出了一点成绩，那也是党的关怀和教育、人民的帮助和支持的结果。所以，我做的一切，都应当归功于党，归功于人民! "

△ 申纪兰被命名为"太行英雄"

　　1993 年 3 月 15 日至 31 日，申纪兰出席了第八届全国人大一次会议。

　　在这次大会上，把建设有中国特色社会主义理论、坚持改革开放及中国共产党领导的多党合作和政治协商制度写进了宪法，突出了建设有中国特色社会主义的理论和党的基本路线，把实行社会主义市场经济体制作为国家经济体制改革的目标模式以立法的形式确定下来，对保证有中国特色社会主义事业的发展具有重大而深远的意义。

这次大会的 2977 名代表中，从一届人大到八届人大连续当选代表的只有两个人，一个是在这次大会上当选为共和国副主席的荣毅仁，另一个就是老劳模申纪兰。

这次大会新当选的国家主席江泽民，满面笑容地和申纪兰合影留念。

这次大会任命的国务院总理李鹏，热情地和申纪兰握手交谈。

新时代，老劳模。人民创造着历史，时代培育着英雄。

1993 年 4 月 4 日，星期日。申纪兰刚从北京参加完全国人大八届一次会议回到西沟，就接到山西省委书记胡富国要来西沟的通知。

申纪兰在平顺的留村口接人，谁知胡富国书记是从另一个方向来西沟，已经去了展览馆。

胡富国是长治市长子县人，西沟是他的绿化点。他对纪兰说："我是清明回家上坟烧纸，今天是星期天，先来看看绿化点。"

他没有想到申纪兰还住在那三间青瓦房里，还和西沟人一起没明没黑地"受"，还侍候着双目失明的 82 岁的婆婆。他很有些动感情地说："这代劳模，不简单啊。"

他问申纪兰："西沟最大的困难、最紧的事是什么？"

"没水吃。"申纪兰说。

胡富国对随同来的干部说："记住，就解决这个吃水问题。"后来，省里给资金 300 多万元，使西沟吃上了自来水。

这年的 6 月 22 日，山西省委组织部、宣传部联合作出《关于开展向优秀共产党员申纪兰同志学习活动的决定》。

10 月中旬，山西电视直播全省"三项建设"动员大会实况。省委书记胡富国在大会上号召，全省的共产党员、父老乡亲们，都要学习申纪兰艰苦创业的精神，把山西的经济搞上去！

在贯彻《决定》的过程中，有人提出疑义：时代不同了，还需要学习和发扬申纪兰艰苦创业的精神吗？

其实，这牵扯出一个人们常常争议的命题：现在已经进入科技信息时代，申纪兰的精神也好，创业也罢，还有现实意义吗？

这是个很有意思的话题，值得一说。为要说得清楚，不妨先扯得远一点。

在上党地区，生发了许多史前文化的神话传说。其中有神农教耕、愚公移山、女娲补天、羿射九日、精卫填海等等。如果说神农炎帝是在上党完成了由游牧到农耕变革的话，那或许还会在一定范围能引起争论，但是，说"后羿射日"、"精卫填海"一定就发生在长治市的屯留县和长子县，因有据可考，人们则是无可辩驳。

这些传说所以脍炙人口、流传不息，恐怕不仅是因为其中的神奇，而更主要的是传说本身在传承着一种自强不息的精神。

这些古老的精神过时了吗？我们现在还有谁会像愚公那样去挖山？但在困难面前，不是又会常常想起愚公移山吗？说到底，我们汲取的就是愚公不怕困难、战胜困难的移山精神。

如果这个道理能说得通的话，那么我们来理解"纪兰精神"就容易得多了。

同理，我们现在还要像申纪兰过去"两头见星星，黑夜点马灯，大年初一开门红"那样干吗？显然不是。不要说是大家，就是申纪兰也不那样干了，因为没了必要。但是，这并不意味着艰苦奋斗的精神过时。今天的艰苦创业，已不是昨天的简单重复，因为我们又处在了一个新的时代、新的世界。瞬息万变，日新月异，已不再是人们想象的不可触摸的一种形容，而是必须面对的实实在在的存在，实实在在的生活。

在计划经济年代，山西省一位副省长临终前想吃一口黄瓜。因为冬天无处可买，家人只好画了根黄瓜让他看了看，他这才咽下最后一口气。

当时有谁能想到，现在冬天的黄瓜满世界都是。

无论社会如何快速发展，无论人们在怎样改变着自己的生活，无论我们还会遇到什么想到的和想不到的困难，都只能证明艰苦奋斗是我们事业大厦的基石，而不是相反。艰苦奋斗的内涵和外延，在新的时代只会是在新的层次上得以丰富和扩展，决不会是萎缩和缺失。这是人类文明的法则和规律。

艰苦奋斗，永远是我们中华民族的精魂！从这个意义上讲，申纪兰的努力所折射出的艰苦奋斗的精神，只应该得以尊重和提升，而不是怀疑和不屑。

当然，申纪兰所具有的不怕吃苦、不怕吃亏、坚持劳动、艰苦奋斗的精神，并非她一人独有，而是优秀共产党人所共同具备的。正因为如此，在中华民族伟大复兴的新时期，才更需要振作和弘扬，才会有广泛的群众基础，才会形成强大的社会力量。

可以说，山西省委两部的《决定》，既是纪兰的光荣，也是一个时代的呼唤。

1994 年 8 月 28 日，星期日。这时处暑已过，太行山上一早一晚的风已变得凉爽许多。

下午，时任中央政治局常委、国务院副总理朱镕基等一行人来到了西沟。

朱镕基登上西沟的东峪沟山，亲手栽下一棵柏树。

朱镕基在全国人大八届一次会议上，参加山西人大代表团讨论时，已经认识了申纪兰，对老劳模有着深刻的印象。他这次来西沟更是兴致勃勃，听了申纪兰关于西沟几十年坚持植树造林、绿化荒山的汇报后，高兴地说："纪兰，你真是能当个总理助理了。"

申纪兰说："总理你走了，见还见不上你哩，我还去哪儿当助理哩？还是在西沟当助理吧。"

朱镕基笑了，热情地和申纪兰握手。顿时，欢声笑语飞满山头。

朱镕基下山，参观了西沟展览馆，听申纪兰介绍了西沟艰苦奋斗的历史，并在展览馆题字："朱镕基·一九九四年八月二十八日"。他笑着说："这是个好日子，8·28，发发发，祝西沟兴旺发达！"

朱镕基在展览馆外和申纪兰等合影留念，并向周围的群众挥手致意，抱拳问好。

朱镕基向申纪兰提出，要去她的家里看看。这有些出乎申纪兰的意料。过去中央来的领导没有谁去家里看过，现在朱镕基副总理要去，让申纪兰一时有点反应不过来。

申纪兰在前面领路，从展览馆下来，拐下一道水泥面的陡坡，就是几排70年代"学大寨"时建的平房，青砖青瓦，坐北朝南。第三排西头第一户是申纪兰家。摘掉挂在门上的锁，推开两扇院门，走进一个小院。小院进深很浅，下手是个厨房，占去不少地方。撩起门帘进家，是两间大的外屋。一张桌两把椅，迎面的墙上都是申纪兰和领导人在一起的照片。临窗一个炕，差不多占了外屋的一半。炕头前放一只红漆板箱，还有一只板箱放在里屋门外的北墙角。从小门看进去，还有个一间大的里屋。

申纪兰不安地说："（副）总理，我的家代表不了今天农村的水平。西沟还没有富起来。"

朱镕基动情地说："纪兰同志，这些我都了解，你是一心为了工作。你的家很卫生很整齐，这也很好嘛。"

他仔细地看着墙上的照片，指着申纪兰和周总理在一起的照片问："你旁边的是谁？"

申纪兰答："安徽的陈素珍。"

"噢，你们都不简单啊。"

朱镕基对申纪兰说："来，咱们在这么多领袖和英雄的面前照个相。"

朱镕基在群众热烈的掌声中离开了西沟。"嘀——嘀——"汽车打了两声喇叭，申纪兰和群众向前招着手……

1995年3月25日，雪后初晴。红日，白雪，使得西沟的山峦多了几分妖娆。

这天，时任中央政治局委员、国务院副总理姜春云等一行人来西沟调研。姜春云去看了申纪兰的家，参观了西沟展览馆，并题字："姜春云·一九九五年三月廿五日"。

姜春云在西沟党员活动室和县、乡、村的干部、群众代表进行了座谈。他在座谈会上说："今天能够见到我们平顺的老劳模、老党员，我非常高兴。平顺在历史上很有名，出了很多模范人物，如李顺达、申纪兰等，具有光荣的革命传统。我这次来看了以后，感到大家开发建设山区取得的成就比我预料的要好得多。对大家取得的成就，我代表党中央、国务院表示热烈的祝贺。"

姜春云对山区农村的发展讲了几点意见，一是要以林为主，发展畜牧业；二是要发展乡镇企业，项目选好，办一个成一个；三是要搞好基础设施建设，兴办水利事业；四是要推广科学技术；五是要发扬老区人民自力更生、艰苦创业的光荣传统；六是要加强党的基层组织建设；七是国家对贫困山区要给予更多的扶持。

在党员活动室前，姜春云看着满山的绿树说："西沟几十年下来，坚持不懈地种树，很了不起。"

申纪兰说："姜（副）总理啊，西沟种树可是真受来。这有一万两千多亩。这都是阴坡绿化，阳坡就不行了。要绿化了阳坡的一万多亩，困难很大，资金投入就上不去。"

姜春云问："需要多少（资金）？"

西沟乡的领导赶紧把一个报告递过去说："我们有个报告。"

姜春云接过报告看了看，并在报告上签了字，说："国家支持一些，地方也筹一些，还要发扬艰苦奋斗的精神。"

申纪兰说："那是，那是。"

过后，我们问过申纪兰，姜副总理这次给批了多少钱？

她没有正面回答这个问题，只是说："要上多少钱也是个死数，花不好也不行。"

这中间有个小插曲。

时任西沟乡党委书记的李培林，得知姜春云副总理要来西沟的信息后，去找申纪兰，说："申主任，姜春云副总理要来哩，咱得给他要个钱。"

申纪兰一听就不高兴了，说："要什么钱？领导第一次来，咱就张嘴要钱？"

李培林说："人家是天天来哩？来一回就不容易。这是个机会。"

申纪兰想想李培林说得也是。李培林又说："申主任，你又不用要，就说说咱的困难，具体的项目我们报。"

申纪兰说："这不合适吧？"

李培林说："这有个甚呀？是给西沟老百姓要哩，又不是装到咱自己口袋里了。再说了，向领导争取个资金又不丢人。能要上当然好，要不上拉倒。量不上麦子布袋还在哩。"

申纪兰听完说了一句"你都可真也是啊"，李培林就笑了。

这就有了申纪兰向姜春云副总理汇报西沟阳坡绿化的困难，西沟乡领导李培林及时递报告的情节。

过后，李培林说，抓住机遇发展西沟，不是申主任那是不行。

1995 年 4 月 8 日，中央政治局常委、国务院总理李鹏到长治视察工作。他视察了"山化"和平顺县的留村。

留村也是中国农村的先进典型。留村在党支部书记、全国劳动模范桑林虎的带领下，艰苦奋斗，硬是在干石山上用拳头大小的石头垒起了 1 米多高、6000多条、700 公里长的石岸，担土造地，造出了 1200亩梯田，种植了 12 万株花椒树，彻底改变了穷山村的面貌。

无论是谁，只要看见留村那满山的花椒，心里都会有一种强烈的震撼。朱镕基副总理来过，姜春云副总理来过，这次李鹏总理又来了。

桑林虎说："留村栽树，是学西沟的。"

李鹏特意在留村接见了申纪兰，对她说："没有时间去西沟了，代我问候西沟的乡亲们好，希望西沟发扬纪兰精神，再创新业绩。"

申纪兰说："西沟人盼着总理去栽棵树哩。"

李鹏说："下次吧。这次先留个字。"李鹏为申纪兰签名留念："李鹏·一九九五年四月八日"。

时过 5 天，4 月 13 日，时任中央政治局常委、书记处书记胡锦涛等一行人来西沟考察。

前一天下午，胡锦涛已经来到平顺县。他先去了留村，后又去了廻源峧村，晚上住在了平顺县城，第二天上午，来到了西沟。

胡锦涛参观了西沟展览馆，听取了申纪兰对西沟历史和现状的介绍，并在展览馆题字："胡锦涛·一九九五年四月十三日"。

　　胡锦涛在西沟党员活动室和干部、群众代表进行了座谈。他在座谈会上说："我们这次来，主要是到平顺来考察农村基层组织建设。西沟我是第一次来，但对西沟还是比较熟悉的。50 年代我在学校念书的时候，对李顺达、申纪兰我们都是很崇拜的，确实是把他们看作是我们中国农民的杰出代表。"

　　他说："西沟经过四十多年的奋斗，走出了一条自力更生改造山河，全面发展山区经济的路子，取得了很大的成绩，成为全国山区农村建设的一面红旗。改革开放以来，西沟的广大人民群众没有停步，使经济发展、精神文明建设、党的建设都有了新的发展。实践证明，我们西沟党支部领导班子是一个坚强的团结的有战斗力的得到群众拥护的好班子，我们西沟的广大党员是坚定地跟着党走、有战斗力的一支好队伍。"

　　在讲到西沟的进一步发展时，胡锦涛说："我想首要的一条，还是加快发展西沟的经济。我们党在新时期的基本路线就是要以经济建设为中心，具体讲，也就是我们要千方百计把经济搞上去，实现西沟的广大群众的共同富裕。西沟有了个好的基础，但发展得还不够，和创造共同富裕这个目标还有距离。"

　　他说："过去，广大群众拥护共产党，坚定不移地跟着共产党走，这是为什么？是为了推翻反动统治，建立新中国，从地主老财的压迫下解放出来。今天我们的社会主义制度已经确立了，我们广大农民群众跟着共产党走又是图什么？他们就是要共同富裕。小平同志讲，贫穷不是社会主义。我们只有富裕起来，才能更好地证明社会主义的优越性。没有这一条，说明我们的社会主义还没有真正建成。从这个意义上讲，我们党在新时期的目标、在新时期农村的最主要的任务，就是要发展经济，带领广大人民群众实现共同富裕。"

如何发展经济，加快发展步伐，胡锦涛着重讲了几个问题：

一是粮食生产不能放松，还要向林业要效益，向科技要效益，有饭吃有钱花。

二是要发展乡镇企业，思想要解放，意识要开放。西沟还是有名气的，纪兰同志还是有影响的，要善于和外面合作，引进资金和技术，思路要宽一点，步子再大一点。

三是要坚持物质文明和精神文明两手抓、两手硬。

四是要把党的建设搞好。李顺达同志是党支部的第一代，申纪兰同志是第二代，现在要培养新一代。要积极发展年轻党员，这是关系到西沟的前途，是西沟的希望所在。现在搞市场经济，那些老同志都很好，是我们的宝贵财富，但是如果现在让他们到外面去学习什么东西，那不是难为他们吗？就是要培养年轻人，思想上要帮，业务上要给他们创造学习的机会，工作上给他们锻炼成长的机会。要有计划培养专业人才，要舍得下功夫。西沟要向全国的先进典型学习。大家都是全国的老劳模，都有感情，我们这儿发展快，我也希望你上。因为他对你信得过，知道你这个村有好的传统，这是我们的优势。

胡锦涛在座谈会上最后说："总之，我希望西沟的这面红旗更加鲜艳，希望西沟发展得更好，西沟的父老乡亲能够更快地富裕起来。"

座谈会后，胡锦涛与大家合影留念，并视察了铁合金厂。上午11时许，胡锦涛一行离开了西沟。

一沟两岸，杨柳青青，春风扑面。

党和国家领导人如此密集地到西沟来，这在全国的农村并不多见。这无疑是西沟的荣光，老劳模申纪兰的荣光。

申纪兰说："领导们关心西沟，我们一定要好好干。干不出个成绩来，我去北京开会，哪还有脸去见这些领导？"

1995年9月4日至15日，联合国第四次世界妇女大会在北京国际会议中心隆重举行。

申纪兰很高兴地作为代表出席这次大会。大会上，山西的代表有8名，其中有大寨党支部书记、全国劳动模范郭凤莲。

申纪兰一改往常夏天那白上衣蓝裤子的装束，特意穿了一件带花的半袖上衣，一条素色的长裙，还戴一条白珍珠的项链。

她在会上再次见到了章蕴大姐，热情地握手交谈。她又想起了1953年第一次来北京，是章蕴大姐鼓励她去和毛主席握手，又一起去丹麦参加了世界妇女代表大会，穿旗袍吃西餐。这一晃就是三十多年，章蕴大姐已是白发苍苍，再说起当年的话题，自是一番感慨。

她在会上又见到了雷洁琼、田华大姐。她们都是去丹麦的代表，田华大姐当时还负责为申纪兰梳头和化妆。

雷洁琼大姐说："纪兰你不容易，一直坚持在西沟。"

她笑着回答："雷大姐啊，你是上来了下不去了，我是下去了上不来了。"

田华大姐说："纪兰你就不显老，还那样。"

申纪兰也开玩笑说："田大姐不用化妆，也是'白毛女'了。"

田华爽朗地笑了："那是，那是。"

这次参加世界妇女大会，申纪兰有着岁月沧桑的感觉。毕竟三十多年过去了，人啊，能有多少个三十年啊。申纪兰觉得，再不抓紧干，恐怕真的没日子了。

→ 不能歇下

★★★★★

发展是硬道理。申纪兰和西沟人在努力追赶着时代前进的步伐，大胆地朝前走。

1994年元旦，申纪兰在太原南郊区出席了全省劳模代表、农村改革先进单位代表座谈会。时任山西省代省长孙文盛在座谈会上说，申纪兰等劳动模范走在了那个时代的前列，在建设社会主义市场经济新的形势下，老劳模要发挥自己的无形价值和余热，作出新贡献。

这年春，西沟村委主任张高明对申纪兰说："咱去找找蛟龙，弄个项目吧。"

张高明，1958年出生于西沟刘家底村，高中文化程度，担任过西沟团总支书记、团省委委员。1984年7月，26岁的他当选为西沟村委会主任。

他担心自己挑不动这副担子，去找申纪兰说了自己的顾虑。

申纪兰对他说："西沟的工作难不难？真难。咱只顾学大寨了，连个企业也没弄上，一开放就和史来贺、禹作敏他们拉开了差距。高明啊，这会儿就再难吧，还有办社那会儿难？我当妇女社长那会儿，比你这会儿还小哩，才 22（岁）。那怎？又是发动妇女劳动，又要争取同工同酬，那多难哩，干得也是一疙瘩劲。你就给咱好好干吧，拉上套就得出力哩，我支持你们。这会儿的政策多宽哩，真话还弄不好个西沟？"

老劳模"拉上套就得出力"的话，给张高明仗了胆撑了腰，工作很快有了明显起色。在办铁合金厂时，张高明跑上跑下，出了大力。可是，只有一个铁合金厂不行，市场一有波动就歇菜，所以，他想再上几个企业，这才请申纪兰主任去找一个叫蛟龙的试试。

蛟龙也姓张，也是西沟刘家底村人。张蛟龙曾任平顺县石油公司经理，后上调介休石油公司任经理。他的弟弟张文龙在西沟村委工作。

有了这层关系，申纪兰带着张高明、张文龙去介休市找见张蛟龙，想给西沟引点资金上个项目。

张蛟龙说："石油公司的资金不能进行其他投资。我带你们去找找介休有名的'焦炭大王'，看看行不行。"

申纪兰说："行啊，你说去见谁吧？"

"李安民。"张蛟龙说。

李安民是安泰集团公司的老总，著名的民营企业家，全国政协委员。他很热情地接待了申纪兰一行，在谈及资金和项目时，明确表示：你们去选项目，有了项目谈合作；至于合作的形式和投资都好商量。

介休一行，总算有了个口子。秋后，申纪兰一行二去介休市。

这次再见李安民，敲定了一个项目，安泰集团公司投资 100 万元，在西沟建一个"纪兰饮料公司"，生产核桃露饮料。

1995 年 3 月，申纪兰在北京出席全国人大八届三次会议期间，安泰集团公司在北京举行了签约仪式。

"纪兰饮料公司"的负责人是王根考。他 1956 年 9 月出生，高中毕业，1989 年在铁合金厂当了两年会计，1994 年 5 月到日本岩乎县学习了半年的果树管理，是西沟唯一"留洋"的人。在讨论饮料公

△ 申纪兰和李安民在北京

司项目时，确定由他来具体运作。

1995 年，37 岁的张高明出任西沟党总支书记。

这年，西沟铁合金厂3200KVA 二号炉开工建设，由周建红负责。

周建红是西沟的能人，1963 年 2 月出生，1977 年高中毕业后参军，1981 年复员回家开始买车跑运输，很快就跑成了个"万元户"。1993 年，他把车卖掉，回到村里工作，1995 年当选为村委会副主任。

申纪兰外出开会，是周建红给她开车。

说起车，还有个插曲。上级给申纪兰配有桑塔纳的专车，但她不坐。她说，群众没有车，我还能坐？她去县里开会办事，都是在路边等个拖拉机或者坐个顺路车就走了。她不坐，其他人也不能坐，于是桑塔纳就闲置着。这当然不叫个事儿，领导才又给申纪兰做工作，说现在出门没个车不行，不是抖排场，是要误事哩；你要是坐了，村上企业有个什么不合适也能用用呗。申纪兰考虑到企业应该用车，这才出远门开会坐坐桑塔纳车。

经常给申纪兰开车，周建红知道，建一号炉不容易，弄来钱没管好，生产效益也不理想，有些伤了她的心。现在建二号炉，自己一定要干漂亮，不要再叫老百姓失望。

1996年7月，二号炉投产。生产不长时间，周建红感到硅铁市场起落波动太大，决心转产电石产品。这就应了冶金部工程师的那句话，建好炉"就像咱家炒菜，有了铛子，能炒肉，也能炒豆腐"。当然，要转产也不会太轻松，对炉的改造还需要投资。周建红集资20多万元，把二号炉改造成为电石炉，开始生产电石产品。这一改，扭亏为盈，第一年税收60万元，第二年税收80万元。一年后，又把一号炉改造为3200KVA的电石炉。后来，周建红当选为村委会主任，西沟建起了三号炉、四号炉，形成了一定的电石生产规模。企业上缴的税收和费用，说大数500万元。西沟有200多人在企业上班，工资总额达到100多万元。

申纪兰一心想搞企业，她特别支持年轻领导班子的工作，项目她去跑，资金她去跑，供电单位她也去跑。她对张高明和周建红说："有些地方我说话比你们起作用，需要我出面我就去。咱是为发展哩，又不是弄腐败哩，不丢人。"

1996年，正当西沟加快发展时，申纪兰遇到了她不幸的秋天。这年中秋节过后的第二天，9月28日，星期六，她的老伴张海良告别了人世。

在张海良有病住院后，申纪兰在丈夫的病榻前好好陪着他走完了生命最后的两个月的路程。

这两个月，是她们50年夫妻生活中在一起最长的一段时间。

他们夫妻不常生活在一起。张海良在部队时不说，即使转业到了

△ 申纪兰和丈夫张海良在一起

长治市任长治市城建局副局长，她们也不生活在一起，
申纪兰和一家老小生活在西沟，张海良一个人在长治。
即使他回家看看，最多停留个一两天；申纪兰去长治
开会，也总是随会议安排住在宾馆而很少去丈夫那儿
住。加上他们的子女都是抱养的，于是社会上有不少
人对她们的家庭生活有着这样那样的猜度。

她们夫妻不在一起生活，最核心的问题是，申纪
兰不离开西沟。

所以，家庭结构就必然形成了人们常见的那种城

乡两地的家庭。这不奇怪，人们所不理解的是，张海良应该常回家看看，申纪兰也要到长治来住住才是，但却没有。

这恐怕除了工作忙的因素外，还有生活习惯使然。张海良常年在部队生活，已经形成了一整套部队的生活习惯；申纪兰一生在农村滚爬，农村的生活习惯怕也很难改变；不同生活习惯的碰撞会产生什么，是完全可以想见的。

她儿子张江平说："我爸太爱干净了。他的床除了我坐坐没事以外，谁坐过也要重洗。我妈是太不讲究了，根本不在乎什么灰呀土呀的。"

张江平还说："我妈要求的也太严。我爸坐个小车回了家，我妈总要问交了油费没有，弄得我爸很尴尬。我带个车回家，也是这样问我。我说你管这干甚哩？我妈就说一定要严格要求自己，要求别人做到的自己一定要先做到。"

还有没有什么别的原因？要有，也是申纪兰对自己要求太严。

老劳模郭玉恩给我们讲了这样一件事：那是在50年代，长治地区的40多位劳模到北京参加劳模会议，这其中必然有平顺县的四大全国劳模：李顺达、郭玉恩、武侯梨、申纪兰。劳模们住在前门一家旅馆。当时，张海良正在北京服役，得知消息后，来前门旅馆看望申纪兰。

劳模代表团的领导觉得她们夫妻聚一次不易，应该让她们在一起好好说说话，过上一夜。

那时候的旅馆条件很差，三四个人住一间，也没有空闲的房间。所以，领导决定并床挤人，把两个床并在一起睡三个人，腾出一个房间来给纪兰小两口。折腾了大半天，总算腾出一个房间一张床。

谁也没有想到，申纪兰不去那个房间。她的理由是，我们是来开会的，还能去干那事？

于是，人们又开始做申纪兰的工作，劝她去和丈夫聚聚。平顺县的领导跟她谈话，她不去；平顺县的劳模挨个来劝她，她也不行；与她熟悉的劳模劝她，也是白搭；最后是地委的领导出面做她的工作，结果还是不行。这时，一夜已过，天光放亮，张海良空等了大半夜，起身走了。

郭玉恩给我们讲的这件事，会不会影响了夫妻的感情？应该不会。当然，家庭内、夫妻间的事情，岂是我等能说得清楚的？

但是，无论是什么原因，这对聚少离多的夫妻，共同走过了半个世纪，白头到老。这说明他们都在为这个家庭克服和牺牲着自我，都在努力承担着家庭和社会的责任。

申纪兰对我们说："他（海良）是真支持我了。要没有他的支持，我这个劳模、人大代表就当不到这会儿。去当了家属，顶大弄个模范家属，还怎能再当劳模哩？那就想也不要想了。"

申纪兰给我们说："他也真为这个家来，孩儿们都是他一手拉拽出去的。"

1969 年，大女儿张李珍 16 岁时参了军，现在还在部队的 285 医院任主任医师，大校军衔。

儿子张江平 1976 年参军，1982 年复员。

张江平报名参军是瞒着妈妈的，直到下了入伍通知，才告诉了妈妈。那天晚上，娘俩睡在一个大炕上，申纪兰哭了。

申纪兰说："你爸爸当兵一走七年没有音讯，我苦苦熬了那么长时间。小平啊，你要有个三长两短，我怎么办？"

在张江平的记忆中，妈妈是带头劳动的模范，而且对子女要求很严，从小就让他们参加劳动，早上不能睡懒觉，去给猪拔草、剁菜，星期天上山割柴。直到这天晚上妈妈哭了，他才知道妈妈的心里也有很苦的一面。"我反正是要走。"他想了想，还是坚持要参军。

他的爸爸也回家来了。张海良事先也不知道儿子当兵的事，是接到一个领导的电话才赶紧回来的。爸爸对江平说："我不是不让你当兵，我在外头工作，你爷爷奶奶都老了，你妈又那么忙，你在家也能听个使唤，也能担担水呗。"

张江平还是那句话："我要当兵，一定要走。"

这时候，爷爷出来说话了："你去吧孩儿，谁也不要拦着。我送你妈去过北京，那会儿就说了，将来有个孙子，也叫他来北京当兵。"

张江平在部队一干就是 6 年，在北京东郊民巷当警卫。6 年间，爸爸去看过他一次，送给他一枝钢笔一个笔记本。妈妈去看过他十多次，没有进过营区，没有逛过大街，只是嘱咐他注意身体、好好工作。

1982 年，张江平复员。他一下无法安置工作，因为他是农村户口。他在心里也埋怨过老妈，为什么有机会转户口而不转，现在害得连儿女们的工作也不好安置？

老爸狠了狠心，把江平和小女儿江娥的工作安排到了市政工程处。张江平是党员，在办公室工作。张江娥去了第一线，打石头修路。

半年后，长治市招聘一批武装干部，张江平去参加考试，并被录用了。

张江平被分配到长治市郊区侯北庄武装部工作，一干就是 6 年。6 年中，他给老妈说过自己的工作问题。老妈明确表态："工作要从基层干起，我不能去给你说什么。"

1988 年，郊区区委考察张江平，拟任区团委副书记。谁知一考察，他还没有转干。区委领导谈话说："副书记你当不了啦，去小常（乡）当武装部长吧。"

他在乡镇又是一干 6 年，从武装部长干到乡党委副书记，1993

年才正式转成了干部编制。后来的 2001 年，张江平被任命为长治市城区文化广播电视局局长，2002 年任中共长治市纪委驻《长治日报》社纪检组长，2008 年任长治市粮食局党委书记。

儿女们都很争气，对劳模妈妈是个很大的抚慰。她说："他爸拉拽他们，他们自己也干得都不赖，在工作上不用我操心。"

人生易老，天难老。申纪兰当年一顶花轿几声鞭炮与张海良拜成夫妻，在没有太多的欢声笑语中走过了 50 个年头。50 年来，申纪兰和张海良经历有太多的不同，然而又都在共同吞咽着"缺失"所带来的酸楚。

人在走完一生的跋涉后，带走的是平静，留下的是宽容。

那个秋日，淡淡的阳光，淡淡的秋风，天边一缕淡淡的云。

申纪兰把张海良送去入土为安，回到家里，坐在炕沿上一声不吭。家里坐着许多人，也不知道该说些什么。这天不离她左右的西沟妇女主任侯爱景给她端过一杯水，说了声："可歇歇吧婶。"

申纪兰接过水，喝了一口，放在了板箱上，还是没有说话。侯爱景又劝说："不管怎吧，送熨帖了，也打发好了。"

申纪兰一听这话，一把拽住爱景的手，眼角有了泪，嘴唇紧咬着，身上在颤抖。

侯爱景搀住她劝说："哭哭吧婶，哭出来就好了，不怕甚啊。"

申纪兰这才"哇"的一下哭出声来："娘啊,你知道我活得多难哩呀!"悲声一放,在场的人都掉了泪。

张海良安葬了,儿女们要接走老妈。申纪兰说:"我哪儿也不去,不怕甚,没事啊。再说,我还忙哩。"

白事办完没几天,山西省委党校常务副校长许国胜来到申纪兰家,对她说:"和我去太原住些日子吧,换个环境,宽宽心。"

许国胜是福建人,毕业于中国人民大学,曾经在西沟是"插队青年",与申纪兰在一起养了几年的猪。

申纪兰说:"我不去啊国胜,你的情我领了,我哪儿也不去,在西沟就好。你也不容易,在西沟喂了好几年猪,总算熬出来了。你好好工作吧,这比甚也强。"

霜降一过,天气明显凉了。上午,申纪兰拉上院门,挂了一把锁,上了斜坡,往村委会走去。

有人见了她打招呼说:"歇歇吧。忙哩?"

她边走边答:"歇不下啊,一堆事情,不办不行。"

暖暖的阳光洒在她的肩上、背上。她大步走着,没有回头看。

1997 年 11 月 7 日,饮料公司正式投产。

1998 年"五一"节,申纪兰亲自带人在长治的大街上做广告宣传,推销产品。她还亲自出马,把产品打进太原和长治的超市。

1998 年,山西纪兰产业公司在太原挂牌,集餐饮、住宿、娱乐为一体的"西沟人家"相继在省城开设了一部、二部。

申纪兰真的歇不下,她说:"多大的领导我见过,多大的困难我遇过,我就是豁出命也要走在前头。"

谁叫咱是人大代表

→ 全国唯一

★★★★★

　　1998 年 3 月 5 日至 19 日，第九届全国人大第一次会议在北京人民大会堂举行。申纪兰作为全国人大代表出席了大会。

　　如果说申纪兰在过去的全国人大代表中不那么显山露水的话，那么在九届一次全国人大会议上就很是引人注目，因为她是全国唯一的从第一届连续到第九届的人大代表。

　　从 1954 年的第一届全国人民代表大会，到 1998 年的第九届全国人民代表大会，新中国走过了一条充满理想、充满探索、充满奋斗，而又风啸雨注、坎坷不平的发展道路。申纪兰作为唯一的九届全国人大代表，也由一个充满朝气、梳着两条大辫子的年轻妇女，成为风霜满肩、年近古稀的老人了。

　　她历经了九届全国人民代表大会的全过程，尽管不是在权力的中心，而是基层农村的一个代表，但也足已有资格说她见证了新中国的发展。

　　中央政治局常委、国务院副总理李岚清和申纪兰亲切握手。

△ 申纪兰与第九届全国人大代表大会委员合影

国务院副总理吴邦国倾听申纪兰的心声。

国务院副总理温家宝和申纪兰亲切交谈。

全国人大副委员长邹家华和申纪兰合影留念。

全国人大副委员长姜春云给申纪兰签名留念。

她走出人民大会堂，立刻被中外记者团团围住。她已不是当年不敢对媒体说话的代表，而是从容地回答了记者的提问。她在住处接受了中国 CCTV《焦点访谈》记者的采访，也是有问必答，侃侃而谈。

她在谈到"一届人大与九届人大有什么变化"时说："我是代表，就说代表。代表的结构不一样了，现在的文化程度就特别高了。以前的代表，比如像李顺达同志，像郭玉恩，像我，都是个小学生，连个初中生都不是。现在，大学生、研究生都有了。人民代

谁叫咱是
人大代表

表的素质提高了，能以代表我们社会的发展，能以代表国家的进步。"

在这次大会上，当申纪兰听人们说自己是唯一的连续九届全国人大的代表，心里很高兴。但是，当她走过华灯初放的天安门广场时，心头竟掠过一丝淡淡的孤寂。

"怎就剩自己一个人了？"她不由地问自己。

李顺达在1983年7月1日去世了，走得是那样的突然。10年后，1993年7月8日，西沟在展览馆紧依的山坡上为李顺达修建了纪念亭，亭内树立了纪念碑。老一辈革命家彭真为纪念亭题写了"劳动模范李顺达纪念亭"亭名，薄一波题写了"劳动模范李顺达纪念碑"碑名。

西沟人不会忘记他的奋斗、他的磨难，就让家乡这满山的苍松翠柏为老李遮遮风挡挡雨吧。以后每年的清明节，总会有西沟人在这里为老李烧点纸钱，献束野花。

2000年3月，在全国人大九届三次会议的讨论中，党中央总书记、国家主席江泽民来到山西代表团中间。

山西省委书记田成平向江总书记介绍说："坐在第一排的那位女代表叫申纪兰。"

江泽民说："这个我知道。我认识她。"

田成平又说："她是从第一届到第九届的人大代表。全国连任的人大代表中就剩纪兰一位了。"

江泽民说："我知道这个情况。凤毛麟角，很可贵啊！"

凤毛麟角，江泽民总书记对申纪兰的这个赞誉，很快在人大代表中传开来。

人们向申纪兰表示祝贺："总书记说你是凤毛麟角，多好哩。"

申纪兰问："是？是这样说来？我只顾开会哩，就没听见。"

山西电视台的记者在人民大会堂前采访了申纪兰。

申纪兰说："我从1954年第一届当人大代表，一直当到现在，我感觉国家变化太大了。我每年来开会，是芝麻开花节节高，一年比一年好。"

世界进入了一个新世纪。时空变幻，岁月无痕。每天都是历史的新一页。

2000年"五一"国际劳动节，申纪兰作为特邀劳模，出席了新千年第一次全国劳模大会。

在天安门广场，她和年轻的女劳模合影留念，胸前挂满了奖章，一脸阳光灿烂。

她知道，今日的女劳模不同于自己的当年，但艰苦奋斗的精神会一脉相传，代代不断。

2001年5月17日，中国第一届"母亲河奖"在北京举行颁奖仪式。

"母亲河奖"是全国保护母亲河行动领导小组在生态环境领域设立的民间最高奖，表彰奖励为我国生态环境保护事业作出突出贡献的民间人士。经过全国19个省、市、区和全国绿化委员会、全国人大环资委、国家环保总局、全国青联等单位推荐，经评委会认真讨论和无记名投票，确定了申纪兰、王中强、王文善等8人为首届"母亲河奖"的获得者。

中共中央政治局常委、政协主席李瑞环在颁奖仪式上亲切接见了8位获奖者，并向每位获奖者颁发了获奖证书和2万元奖金。

申纪兰回到西沟，把2万元奖金全部捐给村委会打机井。

打眼机井，彻底解决西沟的吃水问题，是纪兰一个很重的心事。特别是当她知道了壶关县常平村打成了机井，心情就更加急迫。

常平村在改革前，是壶关县有名的"光屁股"穷村。改革开放后，从小砖场、小水泥厂起家，奋斗了几十年，发展成为以钢铁为主体，以焦化、电力为产业链的大型工业集团。1995年4月13日，胡锦涛在西沟视察后，去的下一个视察点就是壶关县常平村。

常平村富起来后，投资打深井，终于解决了老百姓的生活用水、企业发展的生产用水。

西沟党总支部和村民委员会讨论后，决定打机井。周建红开车拉着申纪兰去了常平，把打井队接回西沟，开始勘测、打井。

申纪兰把"母亲河奖"的2万元奖金，全部捐出来打井。她说："就这些奖金，我一分没剩，都拿来了。"

张高明说："申主任，你的心情我们领了，可钱还是你自己留着。咱西沟还没有穷到要劳模卖奖章的地步。"

申纪兰说："这是奖金。我怎就该得这个奖，还不是因为西沟种树来? 种树又不是我一个人，西沟谁没有种树? 这个钱我不能花。"

周建红说："话不能这样说申主任，西沟的人都种树来不差，可你是领头人，就该奖你。再说了，打井的事，有我和高明，还有几个企业，用不着你拿钱。"

纪兰不高兴了，说："你们怎这样不听话哩? 嫌（钱）少哩? 不添斤，也添个两呗。"

张高明和周建红怕她再生气，这才接过这笔捐款。两个年轻人眼睛湿润了，双手有些颤抖。

过了几天，机井要出水了，老百姓都来观看。

张高明喊了一声："合闸!" 片刻间，水从管道喷涌而出，年轻人争着捧水喝，老人们却是老泪横流。

马俊召流着泪对申纪兰说："纪兰啊，你是把一腔热血都献给了西沟。你年轻时候不把自己当年轻人，现在老了，反倒把自己当年轻人了。纪兰啊，亏了你了呗。"

申纪兰也流泪了，说："还是党好。没有党，也打不出水来。"

马俊召说："你说是这样说哩，西沟的老小能记住你了啊。"

2001年7月1日，中国共产党庆祝建党80周年大会在人民大会堂隆重举行。

申纪兰胸戴大红花，作为受表彰的全国优秀共产党员出席了这次盛会。江泽民总书记接见代表时，很高兴地与申纪兰握手。

大会结束后，CCTV采访的第一人就是申纪兰。她对着镜头说："我

听了江总书记的讲话很激动。共产党好，社会主义好，没有共产党就没有新中国。"当天晚上，亿万人民在中央电视台《新闻联播》中看到了这一情景。

2003 年 3 月 5 日，第十届全国人民代表大会第一次会议在北京人民大会堂隆重开幕。申纪兰再次当选为全国人大代表，出席会议。

申纪兰是个新闻点。全国唯一连续十届的人大代表，无论怎么看都是一个很受媒体关注的新闻点。

在会议期间，一个人来找申纪兰，说："我在电视上看到你还是人大代表，就特别想来见见你。"

申纪兰并不认识这个人，问："你是个谁呀？"

那人笑了，说："一届人大的时候，我是给山西代表团开车的司机，那时候就认识你。忘了？在东四旅馆。"

"噢——"申纪兰一下想了起来，热情地握住他的手问："你这会儿在哪儿干甚哩？"

"我复员回了山东老家，跑了几年车，现在弄了个企业。"

"那可算话哩，你可快富吧。你富了，我听着也高兴。"

那人临走时说："我要向你学习。十届人大代表，太不容易了。"

申纪兰说："你也不容易。咱都不容易。"

也许是见了故人又勾起什么回忆的缘故，申纪兰说到这里，竟然有些哽咽。半个世纪的风雨兼程，一个劳动妇女的一生追求，她能容易吗?

2005 年春，申纪兰家有了件大事。她居住了 30 年的那三间平房要拆掉重盖了，而且要盖成二层小楼。

她本不想动什么土木。但是，她东边的邻家要重新翻盖，两家共有一堵山墙，她不盖也不行。有人说，她是"被"盖了新房。

修房盖屋，这在农村就是一件大事。申纪兰家的旧房拆了，村上的人们都来了，刮砖的刮砖，整理的整理。有人来对申纪兰说，你用人就说话。

申纪兰被感动了。她说："你都该忙甚去忙吧，咱这点事用不了这多人马。"

大家说："你平素没个事，现在修房盖屋哩，叫我们也尽尽心，该着了。"

西沟人在用一种最朴素的方式要为申纪兰做些什么，哪怕是刮刮砖清清土也行，因为她为西沟付出的太多了。平日常见，也许人们还不觉得什么，现在有大事了，申纪兰在西沟的好处便闪回到各自的脑海中：

申纪兰是西沟第一个使用新接生技术为人们接生的人。

那是在上世纪 50 年代初，她参加完全省劳模大会回来的一天中午，听到阵阵揪心的哭声传来，跑去一看，原来是有家媳妇因生孩子难产而丧了命。

婆婆说："咱村坐月子死人不稀罕，没大夫，不会接。"

没多久，县医院组织新法接生培训活动，申纪兰就报名去参加了培训。从此，她就背起"接生箱"成了西沟一带的接生员。谁家的媳妇"有喜"了，她要抽空去安顿安顿；谁要快生了，她就多跑几趟，叫人放心等待；产妇要临盆了，她就守在跟前，精心接生。

有没有人说三道四？当然有。

她婆婆就有意见，说："纪兰啊，你还没有生养过，不要叫旁人的血把你给'冲'了啊。"

村上也有人说，她又没有生过，还能会接生？

说归说，但媳妇生孩子还是要找申纪兰。因为有她接生，随着婴儿落地的啼哭，总是大人们喜庆的欢笑声。

现在西沟40岁上下的，有100多人是经申纪兰的手来到这个人世的。直到西沟有了医院，申纪兰的"接生箱"才封存到小里屋。即使这样，谁家生了孩子，申纪兰还是要去看看，抱起孩子亲一亲，往襁褓中塞几元钱，表示祝福。

现在的西沟医院，是申纪兰亲自去跑下来的项目。她去找领导要项目、要资金，使老百姓小病不出村。

西沟谁家修房盖屋，申纪兰都要去帮忙，能干甚就干甚。

张建荣盖房摔伤了腿，是申纪兰把他往长治的医院送。车到邻县的黄牛蹄乡，有"路霸"拦车。申纪兰跳下车大声喝道："你们要干什么？车上有重病号！"谁知拦路的人中有人认得申纪兰，说了声什么，一伙人扭头就跑了。申纪兰把张建荣送到医院，立即进行了治疗，还在病房守了他一夜。

西沟办企业了，有人来找申纪兰推销产品。来人不会空着手，不是拿着"红包"，就是承诺"回扣"。

申纪兰说："你快走吧，西沟不和这号人打交道。"

浙江的一个推销员被申纪兰的精神感动了。他对申纪兰说："我也是共产党员，我不如你。你才是真正的共产党员。如果党员们都能像你这样，就用不着天天反腐倡廉了。"

有些陌生人慕名而来，向她诉不平，求她打官司。有个远道的妇女，奔波了五天五夜找到西沟，求她出面讨个"说法"。申纪兰不仅忙着给她做饭吃，送出门时还给她带上牛奶和核桃露让她在路上喝。

也有些人来申纪兰家，是想让她给领导说点好话、美言几句，能使自己的"进步"快一点，"担子"重一些。这些人走了眼，看错了人，因为申纪兰不是不能，而是不为。她不为自己，不为儿女，也不为一心想"进步"的人。

西沟人家的婚丧嫁娶，总要去请申纪兰。这不是什么"巴结领导"、"感情投资"，实在是乡亲的一片亲情。

一个叫张中起的青年要结婚，婚期已近，却不料女方家听到了什么闲言碎语，竟要解除婚姻。小伙子去说破了嘴皮，女家硬是不信。女家说："除了纪兰的话，谁说也不行。"

申纪兰知道后，连夜步行 20 多里山路，去女方家说了个明白，这才成全了一桩美事。

有的小两口生了气，媳妇跑回娘家不回来。申纪兰还管去叫媳妇，而且一叫就回来。

张买女是个哑巴，也是条光棍。他娘死后，就是申纪兰给他缝补浆洗，有了好吃的也总要端给他一碗。哑巴在村里只听申纪兰一个人的话。她给他比画个手势，他就该干甚去干甚。

一年腊月，申纪兰刚端起碗，听说老羊工张跟则有了急病，撂下碗就赶去看。这回老羊工病得不轻，申纪兰立刻把他送到医院，自己拿钱为他治病。

张跟则在村里放了一辈子羊。有一次跟一个村干部生了气，把羊群扔到山上，自己回了家。是申纪兰只身上山找羊，并在山上守了一夜。那时候的山上是野兽出没，那该是怎样一个夜晚？

合作化的时候，每逢春节，申纪兰都要替羊工放一天羊，让羊工回家过个好年。张跟则一直跟人们说："谁没个家？纪兰替了我，谁又

能去替替她呢？她就不该在家和孩儿们过个年？"

老羊工这一病再没有起来。他无儿无女，是申纪兰给他剃头洗脸，买棺入殓。

出殡这天，正赶上下大雪。乡亲们抬着灵柩一步雪一步泥地往坟地走，申纪兰走在前面，把绳子套在自己的肩上往前拉。村里人落泪了，动容地说："纪兰这是在为一个羊工拉灵啊！"

那场雪永远留在了人们的记忆中，因为，大雪不单使大地变成白茫茫的一片，而且，一定是掩盖了些什么，又在凸现着什么，所以才会给人以无尽的遐想。

现在申纪兰家有事了，人们都愿意来帮个忙，表一份心情。

申纪兰说："真是麻烦你们哩。"

乡亲们说："你为西沟办了多少事哩，我都能干个甚呀？"

申纪兰说："谁叫咱当人大代表，不给老百姓办事，不说句公道话，还叫个甚人大代表啊。"

村委会的张高明和周建红专门碰过头，这次老主任盖房所需的椽、檩就在西沟的山上砍；她栽了一辈子树，用几根，该着了。

她不去砍，而是自己花钱去买。她说："群众盖房要需要可以去找几根，干部不能砍。干部一砍，那就乱了。"

买檩的那天，申纪兰去了长治木材公司。公司领导一看是申纪兰亲自出马又是自己用，于是说："申主任你随便挑，一律给你打折。"

申纪兰说："咱该怎是怎，我是图个料好，可不是为了省钱。"

料选好了，一伙赶毛驴车的人围过来要装车。其中有人认出了申纪兰，问一声："你是老劳模吧？"

申纪兰说："你是哪儿的？"

"我们在电视上见过你，这回见到真人了。这样吧，我们给你免费装回车，也沾沾劳模的光，以后能多有个买卖。"

车装好了，这伙人说什么也不要钱。申纪兰只好给每人买了一盒好烟。那人说："唉，干部都要像你这样了，那就什么都好弄了啊。"

6月，申纪兰家的新楼主体完工。这时，我们正好到了西沟，看了她的新楼。她对我们说："唉，我也不想翻腾。东边那家弄哩，咱不弄也不行。给你说哩，我要留在省里，至少也是个退休干部，还不给我分个房子？我就是随军当了家属，也是个好家属，还用自己垒这房子？我哪里也没去。这老了老了，又弄开房子了，可不弄弄不行啊。这不，再收拾收拾就能住了。"

我问："自己叫人哩，还是'包'出去了？"

"包出了。包出去好，省得人说闲话。"

"你还能有什么闲话？"

她喝了一口水说："你是不知道，十件事，有九件办好了一件没办好就有闲话,说甚的都有,听不下也得听,硬咽哩。"

她说:"我盖房没用西沟一棵树。我栽了那样多的树,还不该使上一根椽?我给高明跟建红说了,干部不要砍,一砍开就不行了。那些树,老李死了看不见了,我看见喽,我还能说,不要祸害了就行。"

那天,我们聊了很多,告别时,已是晚霞烧红了半边天。

2007年,山西省委做出了关于开展向申纪兰学习活动的决定。这一年,申纪兰获得全国首届道德模范奖。

2008年,申纪兰在省城太原参加了北京奥运圣火的传递。她跑的是第二棒,兴高采烈,神采飞扬。

➡ 风光无限

★★★★★

2007年3月24日,农历二月初六,星期六,平顺县三级干部大会隆重召开。

这是新一届县委、县政府召开的第一次"三干会"。县委书记陈鹏飞在会议的报告中,出台了平顺县当前以及今后一段时间内的治县方略,那就是:"举纪兰旗,走特色路,打绿色牌,实施

'双五'战略，主攻'五大'目标，推进经济社会又好又快发展。"

陈鹏飞上任平顺县委书记的初始就三进西沟，学习受教育，拜年送真情，调查谋发展。

陈鹏飞上任的第一天就去西沟学习受教育。那是2007年2月13日，农历腊月二十六，申纪兰一见新上任的县委书记来看自己，高兴地握着他的手说："陈书记啊，你来啦，你忙哩，不用来看我了。"

陈鹏飞忙说："该来该来。申主任，过年都准备好了？"

"没甚准备啊。和过去比啊，现在是天天过年哩！"

陈鹏飞说："我来平顺工作了，要向老劳模多学习、多请示、多请教，发扬好艰苦奋斗的光荣传统。"

申纪兰动情地说："陈书记啊不怕你笑话，艰苦奋斗几十年了，咱这老山区还是比不上那平川的地方呗。咱平顺（县）又偏又穷，干个甚可真是竭力哩。你来了就要领着大家好好干，再苦再难，也要叫咱平顺（县）变一变啊。"

老劳模的一番话，让陈鹏飞的眼里有了泪光。他说："我来平顺（县）工作，进了平顺门就是平顺人。我会热爱平顺，努力工作。申主任，您可要多支持、多批评啊。"

申纪兰接着说："班子带了头，群众有劲头。陈书记啊，平顺变不变，领导是关键。发展是硬道理。不发展，甚也不行。你说是不是啊？"

"是啊。平顺（县）的发展，咱要好好谋划谋划，要有个科学的定位。"陈鹏飞书记说。

"平顺人实在、能受，叫咋干就咋干。"申纪兰又说，"陈书记啊，你也没有喝口水，要不，吃了饭走吧？"

陈鹏飞书记说："今天就不了，初一，我来给您拜年。"

大年初一，2007年2月18日上午，陈鹏飞书记和唐立浩代县长一起来申纪兰家拜年。

两层小楼的门上贴着鲜红的春联，客厅里摆放着两盆墨绿的君子

兰。陈鹏飞书记、唐立浩代县长与老劳模一起，一边包饺子，一边拉家常。

申纪兰说："领导们来和我过年，我很高兴，可你们也都有个家，也该和家人一起过个年。那咱就早点吃饺子，你们好中午赶回家，和家人过个初一。"

陈鹏飞书记笑着说："好，好，都听您的。"

邻居们听说书记和县长来了西沟，也纷纷来看望，小楼里飞扬着欢笑声、祝福声。

正月初六，2月23日，陈鹏飞书记第三次来到西沟。这次是来调查谋发展。陈鹏飞与申纪兰进行了长谈，又召开了西沟乡党委、西沟村党总支座谈会。他在座谈会上说："申纪兰主任的事迹很平凡，但精神很伟大，人格很高尚。"

他进一步提出，平顺县要发展，必须解放思想，必须创优环境，必须奖惩激励；在农村要开展争创"红旗党支部"活动，形成创先争优的局面；希望西沟独树一帜、争先发展，走在发展的前列。

西沟在近几年来的发展上了新台阶。

西沟绿化点，是平顺县园林村建设示范工程。

西沟村的植树造林，早已是全国闻名，建设园林村还有问题吗？

有。2005年，西沟的村中路改建到了原来的河滩上。路平了，但临路的荒土崖全露了出来，土崖上长有零星的草木，崖底有过去打的几孔小窑洞。从路上看过去，这很像是西沟脸上的一块疤痕，难看，也难受。

西沟园林村建设工程，就是要治理这脸上的疤，建成一处景观。园林村工程占地98亩，其中生态游园18亩，采摘园80亩。

▽ 西沟互助组雕像"老六户"

生态游园把荒土崖垫切，整体做成一面斜坡，坡面上种植各种花草，形成一道彩色幕墙。崖底的 18 亩地方，栽种各种苗木 5000 余株，包括名贵树木 100 余株，种植花草和灌木 1.2 万平方米，铺设游园道 500 米，安装下水道 310 米，修建毛主席题词碑 1 座。

采摘园中有核桃树 40 亩，水晶梨树 25 亩，桃树、杏树、栗子树 15 亩。

公园建设做到了乔木与灌木结合，风景树与经济树结合，观赏性与实用性结合，实现了一次成林、一次成景，使西沟村的村容村貌有了极大的改善。

2008 年 3 月，大地还没有完全解冻，西沟村党总支就带着西沟村民植树造林。三个多月的时间，他们完成了平龙线通道绿化 2 公里、古石线通道绿化 4 公里，栽种各种树木 31000 株，全部采用了网状栽培和石片覆盖；完成了东峪沟荒山造林 1200 亩、老辉沟荒山造林 1500 亩；栽种核桃树 600 亩，河滩地、老果园全部种上了水晶梨树、仁用杏树，成活率达到了 90% 以上。

西沟村投资 110 万元，对西沟森林公园内的道路进行拓宽、绿化，在道路两侧修筑护岸挡墙 4600 平方米，为申报国家级森林公园打下了良好的基础。

2009 年 8 月 25 日，全国造林绿化现场会在长治市隆重召开。26 日，与会领导和代表到平顺县观摩绿化造林情况，来到了在西沟园林村建的示范工程绿化点。

申纪兰在西沟生态游园迎接领导和代表们时说："全国绿化造林现场会在我市召开，对我们来说是一件大喜事。大家能来西沟，我更是感到高兴。多少年来，西沟人民发扬艰苦奋斗的精神，大搞荒山绿化，几代人的努力才有了今天的成果。今后我们继续种好树、修好路，小康路上迈大步。"

申纪兰话音一落，大家报以热烈的掌声。随后，代表们在巨大的

△ 西沟现貌

电子显示屏上观看了《劳模故里，生态家园》的电视专题片。专题片记录和展示了平顺人民挥汗如雨、劈山开石、爆破整地、改土造林的经过，给与会代表们以强烈的心灵震撼。

在新农村建设中，发展是第一要务。

按照全县的发展规划，2007 年 7 月，西沟村投资兴建西沟农贸市场。农贸市场分南北两座主楼，集品牌展示、信息交流、实物销售为一体，整个工程设计美观大方，功能齐全。

2008 年，平顺县将西沟农贸市场建设列为全县68 项重点工程之一，加快了市场建设的速度。2008年 9 月，西沟农贸市场全面竣工，2009 年投入使用后，实现销售收入 1000 万元，实现利税 48 万元。

西沟纪兰饮料公司改扩建项目，也是平顺县的重点建设工程之一。这项工程于 2008 年 6 月 3 日开工奠基，建筑面积 5000 平方米。纪兰饮料公司改扩建后，在单一生产果蔬饮料的基础上，新增了九禾豆浆生产线，生产出了 5 个品种的系列产品。目前，纪兰饮料公司生产的四大系列、七个品种的产品全部投放市场，消费者反映良好。

2010年，西沟村还成立了长治纪兰潞绣商贸有限公司，生产老粗布和花样刺绣，解决了农村妇女的就业问题。

发展旅游，是西沟的主要产业。

西沟展览馆是山西省、长治市廉政教育基地，全国爱国主义教育基地之一。

2000年夏，西沟展览馆重新开馆。西沟原来有个展览馆，一进大厅就是毛主席接见李顺达的巨幅照片。后来下大雨，屋顶漏了，一根大梁落架，正砸在巨幅照片上。2000年，县政协副主席杨显斌挂帅，汇聚平顺县的精英，重新策划布展。显然，这次复展，从主题立意、内容选择、设计布展，都较以前的好了许多，生动又大气。走进西沟展览馆，就走进了浓缩新中国农村发展的历史时空隧道。

与此同时，在西沟村对面的山上修建了"金星峰"，以纪念西沟李顺达荣获"爱国丰产金星奖章"的功绩；还把通往老西沟的路铺成水泥路，路两侧种植了大苗侧柏；李顺达故居的窑顶上树立了互助组"老六户"的雕像。有人说，这是平顺红色旅游的开始。

紧邻西沟的川底村，是全国第一个农业生产合作社的试办地，著名的文学大家赵树理在这里参加劳动、调查民情、深入群众、体验生活，创作出了长篇小说《三里湾》。川底村开发出了当年农业合作社的小院，村口有赵树理与老劳模郭玉恩雕像，与西沟的旅游连线配套，形成一体。

西沟展览馆2005年再次扩建。2007年7月21日，西沟成为全国第一批廉政教育基地之一。

2008年4月14日，中共中央书记处书记、中央纪委副书记何勇，专程来到西沟考察廉政教育基地建设，并看望老劳模申纪兰。

何勇握着申纪兰的手热情地说："申大姐，我代表中央纪委看望你来了。"

△ 第一批全国廉政教育基地西沟展览馆揭牌仪式

申纪兰激动地说："何书记啊，你能来西沟，我特别高兴。廉政建设是个大事情，党风好不好，影响着发展哩。当干部就要廉洁，不廉洁就不能当干部。咱平顺这几年变化很大，就是有勤政、廉洁的好干部啊。"

西沟爱国主义教育基地和廉政教育基地的建设，成为西沟红色旅游的一个品牌。

有人看中了这方宝地。有老板投资1000万元，在西沟村的东峪沟建设"丰园生态农场"。农场的住宿是现代化的小别墅，园内开辟有耕作园、珍稀植物棚、山坡上养鸡、养羊、养山猪。城里人来到"丰园生态农场"，可以休闲放松，可以体验农耕文明，还可以信步观赏动植物，也是一种高品位的旅游、休假生活。

西沟的森林公园、小游园、采摘园、生态农场的建设，形成了新型农村旅游的一大亮点。

2010 年 10 月 29 日，西沟村与长治河南商会签订了合作开发红色旅游、农副产品深加工项目协议。长治河南商会计划投资 3 亿元，一是对西沟红色旅游景区进行总体策划、总体包装，真正形成旅游品牌。二是把原来的铁合金厂改建为松油加工厂，对西沟山上的万亩松林进行产品深加工，延伸生态产业链，扩大西沟的经济增长点。

2007 年，西沟村加大了移民搬迁力度，新建了移民新村，把原来的 44 个自然庄变成了两大块四个区，村民都住进了功能齐全、温暖舒适的二层小楼。

西沟村过去吃水困难，2008 年，西沟村打了机井，全村 130 户人家吃上了自来水，2009 年、2010 年继续完成吃水工程建设，在西沟村的山坡上修建了 3 个高位蓄水池，实现了户户通自来水。

从 2008 年起，西沟村开始修建沼气池，2010 年基本实现了户户通沼气。村内修了 4 个小公园，1 个文化广场。

西沟村对 70 岁以上的老人和 60 岁以上的老党员实行补助金制度和养老保险制度，使西沟人实现了少有所教、老有所养，人民群众生活安宁而愉悦。

西沟村组织一系列文化娱乐活动，扩建了图书馆、党员活动室。

现在西沟村党总支书记是王根考。他是西沟唯一"留过洋"的人，也是西沟纪兰饮料公司的创始人之一。

2008 年 3 月 5 日，第十一届全国人民代表大会第一次会议在人民大会堂隆重开幕，申纪兰再次以代表的身份出席了大会。

快 80 岁的人了，申纪兰还在为西沟、为平顺的发展操劳着、奔波着。

平顺县没有高速公路过境，申纪兰每次到北京参加全国人大会议，都要把过境平顺县的长治市至河南安阳市的高速公路开工建设作为人大代表的提案报上去。

陈鹏飞还和申纪兰一起多次到山西省发展和改革委员会争取立项、评审。经过不断的努力，2009 年长安高速公路正式开工了。

△ 申纪兰在第十一届全国人大会上

　　2010 年 3 月 13 日上午 9 点，国家交通运输部李盛霖部长亲自下楼来迎接申纪兰一行。在部长小会议室，陈鹏飞汇报了平顺县公路的情况，希望能把平顺县城到长治市的二级公路予以立项。

　　申纪兰说：“部长啊，平顺县城到长治市就没条好路，都是盘山路，一下雪，进不来，也出不去。”

　　李盛霖部长表示，先派有关部门的同志去搞个调研，然后再进行安排。

　　5 月 19 日，交通运输部规划司、山西省交通运输厅规划处等有关部门的领导和专家一起来平顺县进行了调研。调研后，领导和专家提出一个方案，平顺县城至长治市的二级路列为 012 国道的一段。

　　012 国道平顺段，全长 28.2 公里，静态总投资 4.04 亿元。人们完全可以相信，无需太长的时间，平顺县第一条高等级公路将会长啸出山来。

　　2009 年 5 月 25 日，春光明媚，生机盎然。

　　这天上午，中共中央政治局常委、中央书记处书记、国家副主席习近平来到平顺县，看望申纪兰。

车进西沟村，申纪兰在路旁迎候。习近平副主席下车，与申纪兰热情地握手。申纪兰激动地说："习（副）主席啊，你可来了咱西沟了。"

习近平副主席说："老劳模啊，你的身体还是这样好啊。走，去你家看看。"

下一个水泥路的坡，拐个弯，就是申纪兰家的二层小楼。

习近平副主席说："这不错嘛。"

申纪兰说："我先前是个平房，邻居要翻盖哩，两家用一座山墙，我不盖也不行啊。"

习近平副主席说："老劳模啊，我的大姨还在这里工作过。"

申纪兰说："我听县委的领导说过，你大姨夫还是平顺县抗日民主政府的县长哩。我那时候还小哩，只记得八路军的女同志都梳是剪发头呗，谁和谁咱就分不清。"

习近平副主席原来的行程安排，在西沟停留的时间不能长，活动内容也只是看望一下老劳模申纪兰。就在告别申纪兰起程时，申纪兰对习近平副主席说："你去看看咱的展览馆吧（西沟展览馆），里面把西沟的发展都说了。"

习近平副主席说："好啊。"

申纪兰领着习近平副主席一行上了西沟展览馆。习近平副主席很认真地看了西沟展览馆的一幅幅照片和一件件实物，不时地点点头。他对申纪兰说："农村发展走过的路不平坦啊，你是老劳模、老代表，艰苦奋斗了一辈子，不容易啊。"

申纪兰说："不是劳模的时候想当劳模，当了劳模就不由自己了。谁叫咱当人大代表来，当了代表就得一直往前走。"

习近平副主席说："这就是光荣的传统，一定要发扬下去。"

习近平副主席走出展览馆，在展览馆的小广场上，与西沟村的干部、村民代表、大学生村官围坐在一起，开了个座谈会。

座谈会上，大家发言积极踊跃，气氛热烈融洽。时间到了中午12点，早已经超过了行程安排的时间表，随行工作人员提示习近平副主席，习近平副主席说："听了大家的发言，我也说几句嘛。"

习近平副主席在座谈会上兴致很浓，特别高兴地和大家谈了这次来平顺的感受。他说："咱们这个地方是革命老区，我对这个地方很有感情。这次来，看到了荒山绿化得很好，县城不大但很有特色，虽然还不富裕但我们干部精神状态好，群众干劲大。太行精神和纪兰精神是我们党的宝贵精神财富，我们一定要继承好、发扬好。平顺县提出的'山上治本，身边增绿，修复生态，兴林富民'的理念和做法要进一步推广，山西的自然生态一定会不断得到明显改善。"

习近平副主席又讲起了自己的成长经历，怎样从一个"黑五类"到大队党支部书记，怎样逐步走向更大的天地，教导大学生村官要志存高远，扎根基层，发挥所长，有所作为，锻炼成长，建功立业。

习近平副主席离开西沟时，干部群众热烈地鼓掌欢送，依依不舍。他向大家频频挥手致意。

2010 年 6 月 9 日，山西省委书记袁纯清来到了平顺县。袁纯清书记在车上听了县委书记陈鹏飞的工作汇报，了解了平顺县发展思路的定位以及这几年来的变化。

袁纯清在县城缓缓绕了一圈，说："平顺小县城建设得很有特色，整洁、精致，充满了生机啊。"

袁纯清到西沟看望了申纪兰。申纪兰说："平顺县这几年变化特别大，精神气就不一样，都忙着干事业哩。"

袁纯清书记对随行的干部们说："我们都要发扬申纪兰艰苦奋斗的精神，把我们山西、把我们平顺建设得更加美好。"

2011 年，申纪兰 82 岁高龄，身体硬朗，精神矍铄。

申纪兰是中国劳动妇女的一个传奇，艰苦奋斗的一面旗帜。她依然是大步朝前走着，停不住，歇不下……

后 记

心中的神圣

　　我采访申纪兰，从 1993 年的深秋开始算起，已有 18 个年头了。

　　我发表的关于申纪兰的报告文学作品，能拿得出手的，有一部长篇《见证共和国》（合作，2007 年 2 月由上海文汇出版社出版，2008 年 2 月再版），有几个中篇：《毛泽东和西沟人》（《漳河水》杂志 1993 年 11 月号）、《太行丰碑》（报告文学集《英雄太行》1995 年山西人民出版社）、《背不动的责任》（报告文学集《上党女杰》2001 年山西人民出版社）、《责任》（《中国作家》杂志 2005 年增刊）、《申纪兰，新中国农村妇女的传奇》《文学界·中国报告文学》杂志 2010 年 12 月）。其中，《背不动的责任》获全国报告文学"共和国脊梁"征文大奖赛一等奖，申纪兰荣获"共和国脊梁"优秀主人公金奖。

　　申纪兰是一个农村的劳动妇女，她的事迹，一件件拆开来看都很平凡，但纵览她的人生，又是一个传奇。

　　她的传奇是选择。选择决定人生，或者是你去选择，或者是你被选择。

　　合作社选择了她，她就要发动妇女参加生产劳动，就要争取男女同工同酬。她选择了劳模，那就什么苦也能吃得下，"能受"、"能忍"、

"硬咽"，都不是问题。人大代表选择了她，她就要为之奋斗一生，不脱离农村，不脱离劳动。

她在为了责任、担当、信念、荣誉而虔诚地跋涉着，拒绝与此不符的一切，包括自身的切身利益。

申纪兰是劳动妇女的代表。在农村，"能受"的妇女不在少数，但能像申纪兰这样劳动的也确实不多，所以申纪兰脱颖而出。

申纪兰是一代劳模。与她同时代的劳模有一大批，但能保持劳模本色而不被荣誉宠坏、逆境中淡定而生活下来的也确实不多，所以申纪兰成了"唯一"。

做一个纯粹的人。这太理想化了，但申纪兰做到了，因为她的心中有一个神圣的情结，所以她是一面旗帜。

申纪兰还在西沟，依然是那样普通地生活着，阴晴圆缺，春华秋实，送走了晚霞，迎来了日出。

/**100**位

新中国成立以来感动中国人物/

丁晓兵　马万水　马永顺　马恒昌　马海德　中国女排五连冠群体

孔祥瑞　　孔繁森　　文花枝　　方永刚　　方红霄　　毛岸英

王　杰　　王　选　　王　瑛　　王乐义　　王有德　　王启民

王进喜　　王顺友　　邓平寿　　邓建军　　邓稼先　　丛　飞

包起帆　　史光柱　　史来贺　　叶　欣　　甘远志　　申纪兰

白芳礼　　任长霞　　刘文学　　刘英俊　　华罗庚　　向秀丽

廷·巴特尔　许振超　　达吾提·阿西木　　邢燕子　　吴大观

吴仁宝　　吴天祥　　吴金印　　吴登云　　宋鱼水　　张　华

张云泉　　张秉贵　　张海迪　　时传祥　　李四光　　李春燕

李桂林和陆建芬夫妇　李素芝　　李梦桃　　李登海　　杨利伟

杨怀远　　杨根思　　苏　宁　　谷文昌　　邰丽华　　邱少云

邱光华　　邱娥国　　陈景润　　麦贤得　　孟　泰　　孟二冬

林　浩　　林巧稚　　林秀贞　　欧阳海　　罗映珍　　罗健夫

罗盛教　　草原英雄小姐妹　　赵梦桃　　钟南山　唐山十三农民

容国团　　徐　虎　　秦文贵　　袁隆平　　钱学森　　常香玉

黄继光　　彭加木　　焦裕禄　　蒋筑英　　谢延信　　韩素云

窦铁成　　赖　宁　　雷　锋　　谭　彦　　谭千秋　　谭竹青

樊锦诗

图书在版编目（CIP）数据

申纪兰 / 刘重阳著. -- 长春：吉林文史出版社，
2012.6（2024.5重印）
（100位新中国成立以来感动中国人物）
ISBN 978-7-5472-1099-4

Ⅰ.①申… Ⅱ.①刘… Ⅲ.①申纪兰－生平事
迹－青年读物②申纪兰－生平事迹－少年读物
Ⅳ.①K828.1-49

中国版本图书馆CIP数据核字(2012)第136135号

申纪兰

SHENJILAN

著/ 刘重阳

选题策划/ 王尔立　责任编辑/ 王尔立 李洁华 马华 任玉茗
装帧设计/ 韩璘
出版发行/ 吉林文史出版社
地址/ 长春市福祉大路5788号　邮编/ 130118
电话/ 0431-81629363　传真/ 0431-86037589
印刷/ 天津海德伟业印务有限公司
版次/ 2012年8月第1版 2024年5月第5次印刷
开本/ 640mm×920mm　1/16
印张/ 9　字数/ 100千
书号/ ISBN 978-7-5472-1099-4
定价/ 29.80元